コミュニカティブな文法指導:理論と実践

太田垣正義編著

開文社出版

まえがき

　わが国の英語教育の現場では、近年コミュニケーション能力の育成が焦点になっている。その中にあって、いかに文法指導を行うかということに英語教員たるもの大きな関心を寄せざるをえない。2002年全国英語教育学会研究大会での課題研究フォーラムの1つに「文法指導再考」があげられたのもそのあたりから来ていると思われる。
　英語運用能力の中に文法知識が占める重要性は否定できないが、従来の方法で文法指導をやり続けることは否定されたということであろう。それでは、適切な文法指導はどのように行うべきかということのコンセンサスがまだ得られていない。従来の文法教科書や問題集に代わるものとしての「コミュニケーションと文法」に関する市販の本を眺めてみても、それらの多くはコミュニケーションと直接結びついた文法指導とは言えず満足がいかないことが多い。
　文法がコミュニカティブに指導されてこなかった理由として、文法は教室で扱われるテストのための知識（数式や化学式のような）とみなされてきたことがある。学習者にとって、文法は無味乾燥な規則だったのではなかろうか。
　池上（1991）では、わが国で広く受け入れられてきた5文型は、意味やシチュエーションを考えない欠陥商品であるとされている。
　　例えば、SV型とされている
　(1) He went to the station.
　(2) He looked at the girl.
中の 'to the station' や 'at the girl' は、副詞句として無視されているが、SVO型とされる
　(3) He reached the station.

(4) He saw the girl.

中の 'the station' や 'the girl' はOとされ、けっして無視されはしない。文（1）と文（3）、文（2）と文（4）との間には、意味的にそれほど大きな隔たりはない。

　そこで、R.Quirk らの *A Comprehensive Grammar of the English Language*(1985) では、文（1）、文（2）はSVA（A = Adverbial）とされている。

　このように、コミュニカティブに文法を指導するためには、文の意味やそれが生起するシチュエーションをもっともっと配慮した文法指導を今後はすすめる必要があるということになる。

　太田垣（1994）は、コミュニケーション活動が成立する要件として、(A)新情報、メッセージの存在　(B)インターラクション　(C)必要性、自発性　(D)即興性　(E)現実可能性、容認性　を挙げている。文法指導においても、できればこれらの要件を配慮した活動が行われることが望ましい。

　文法を無味乾燥な知識としておかないためには、それが実際の言語運用の場で生きて働くものであることを知らせる必要がある。したがって、本書では、文法術語の説明や文法項目を含む例文の解説などはやめ、4技能の指導の中で文法知識がどう働くかとか、音声の指導やエラーの訂正に文法知識をどう利用するか等実践的な報告、提案が第Ⅰ部を占める。実際の指導法やデータなどを示し、今後どのように文法指導を行っていけばよいかについて、多くの提案を行う。

　第Ⅱ部では、コミュニカティブな文法指導の基盤となる理論的な支えが論述される。

　本書中の報告、提案が引き金になり、今後わが国の英語授業で文法がコミュニカティブに指導されるようになり、それが学習者の生きた英語力となるということが著者一同の願いである。

　なお、本書は太田垣教授の還暦を記念するプロジェクトの成果論集である。

目　次

まえがき……i

第Ⅰ部　教育実践への提言・報告
1. リーディングと文法指導 ……………………………… 西嶌　俊彦　3
2—1. ライティングと文法指導 (1) ………………………… 太田垣正義　19
2—2. ライティングと文法指導 (2) ………………………… 五百蔵高浩　29
3—1. リスニングと文法指導 ……………………………… 大嶋　秀樹　45
3—2. グループワークを取り入れた実践 ………………… 岩本　藤男　59
4. スピーキングと文法指導 ……………………………… 麻生　雄治　71
5—1. 音声と文法指導 ……………………………………… 多田　宣興　83
5—2. イントネーションと文法指導
　　　—話す、聞く、読むをとり結ぶために ……………… 向井　　剛　94
6. 日英語対比と文法指導—時間表現を中心に— ……… 板東美智子　109
7. エラーの扱いと文法的基準 …………………………… 太田垣正義　125
8. 学習困難点と文法指導 ………………………………… 多田　宣興　132

第Ⅱ部　基盤となる考え方
1. コミュニケーション観と文法指導 …………………… 山森　直人　147
2. オーセンティシティ再考
　　　—文法指導をよりコミュニカティブなものにするために— …… 西澤　政春　162
3. 異文化理解教育と文法指導 …………………………… 伊東　治己　177
4. 「コミュニカティブな文法？」
　　　—情報伝達の観点から見た文法 …………………… 藪下　克彦　189
5. 言語活動と文法指導
　　　—TBLTと社会・文化的アプローチの融合への試論 …… 木村　裕三　208

参考文献……219
著者紹介……225

第Ⅰ部

教育実践への提言・報告

Ⅰ−1　リーディングと文法指導

1. はじめに

　国際語としての英語を介して世界中から得られる情報を手に入れ、他国の文化・生活・習慣・歴史などについての知識と理解を深めるといった従前の必要性に加え、近年、自国の情報を世界中に向けて積極的に発信することが望まれるに至って、われわれには英語で書かれたものを「読む」力だけでなく、自分と自分をとりまく状況、自分の考え方などについて英語で表現し、他者に伝える力が要求されている。また、国際社会において人的交流が進むなかで、即時的な対面コミュニケーションの機会が増えてきており、それに対応するために4技能のうち「聞く」、「話す」力の強化が言われるのも当然の成り行きである。

　さらに、インターネットの普及にともなって、ホームページやe-mailを通してやりとりされる書かれた英語の情報量は膨大になっており、その中から必要な情報を選び出して、それを迅速に処理し、ダイナミックに交換するためには、かつての文法訳読式授業で培われた明示的文法知識をもとにした「読む」力－あらかじめ説明された文法体系の知識と辞書を参照して得られた単語の逐語的意味を演繹的にテキストにあてはめ、英文の意味を完全な日本語訳に置き換えて理解しようとするやり方－では、もはや十分に対応できないことは明らかである。情報テキストの意味理解の処理速度を高め、英語の自然な談話構造の中で、書き手と読み手との意味交流（テキストによって与えられる知識や書き手の意図・考え方に対して読み手が触発され、その内容について楽しんだり、感動したり、あるいは、共感や批判をすることで自分の考えを発展させたりすること。）を進めることに、より重点を置いた読解指導が、今求められていると言えよう。

　このような状況のもとで、われわれ英語教師は日本の英語教室で伝統的

に行われてきた文法訳読式授業の問題点を洗いなおし、EFL環境下での読解指導において、文法指導のあり方を含め具体的にどのような工夫や取り組みが、上で述べたような書き手と読み手の意味交流を促進するよりコミュニカティブな「読み」につながるか、そして、ひいては、即時的対面コミュニケーションにも対応できる実践的コミュニケーション能力の基盤づくりにつながるかを考えなければならない。

2. 新・旧リーディング観

　１９７０年代以降の認知科学という新しい学問領域の発達は、リーディングという知的活動に対する見方を大きく変えることになった。つまり、リーディングは書き手がテキスト内に明示的に示した情報を、読み手側が単に受け取るといった受動的行為ではなく、読み手が先行知識（スキーマ）をもとに、そのテキストによって書き手が表そうとしている内容を積極的に予測・評価しながら理解していく一種のコミュニケーションの過程であると考えられるようになったのである。

　このようなリーディング観の変更は、読解指導にも多大な変化をもたらすことになる。すぐれた読み手が読解という認知プロセスの中で、テキストに対してどのように働きかけ、その内容を理解するのか。それを解明し、そのストラテジーあるいはスキルを、どのようにすれば学習者に獲得させることができるのかについて考えることが、新しい読解指導を模索するうえで重要な鍵になる。

　ここで、新しいリーディング観に基づく読解指導を考案する前に、まず、わたしの高校時代の英語授業をふり返って、文法訳読式授業の問題点をいくつか挙げることにしよう。個人の限られた範囲の経験を一般化したように論ずることには問題があるので、一例としてご覧いただきたい。当時、生徒としてのわたしの意識にあった英語の授業内容は、大まかに言って、リーダー・コンポジション・グラマーの3種類－文法を核にした読解と作文－であった。リーダーの授業では予習が前提とされ、生徒は辞書や参考書を調べ次の授業範囲となる英文の意味を、日本語訳しておくことが期待されていた。授業中には、教師のモデルリーディング（音読）がされたあと、指名された生徒が指示された箇所（たいていは１文）を音読し、日本

語に訳すという作業が繰り返される。予習をさぼった生徒は叱られ、予習はしたが（単語の意味は調べたが）英文の意味がとれなかった場合や、一般的に見て生徒にとって難しい箇所、重要な箇所については、教師が口頭や板書で文法・語法についての補充説明をし、正解（正しい訳）を生徒から引き出す。または、生徒に与える。これを簡略化して図示すると、次のようになる。

　　予習⇒（文法・語法知識の補充、注入）⇔正答（正しい訳）の確認

　このような指導のプロセスにおいては、教師側の発問は、すでに生徒が正しい訳に至っているか、あるいは、正しい訳に至るための語彙・文法の知識を持っているかどうかを確認するものが中心となる。そして、この種の発問は、すでにできている生徒とそうでない生徒を判別したり、生徒にとってのトラブルスポットを教師に知らしめることはできても、発問自体が、できていない生徒の「読み」を深めるきっかけには、決してならないのである。以上見てきたような文法訳読式授業は、1文1文の日本語訳の単なる集積が、その英文テキスト全体の理解に自然に結びついていくという旧リーディング観に基づくものである。そこには、生徒（読み手）側の能動的な「読み」を促進しようとする視点が、明らかに欠落していたと言えるだろう。下に、新リーディング観から見た文法訳読式授業の問題点をまとめてみた。（西嶌（1999）を一部改変）

① 1文ごとの意味の単なる集積は、テキスト理解の必要条件であるが、十分条件ではない。

② テキストの内容が読みとれないことに関して、語彙・文法以外の要因に対する視点が欠けている。

③ 英語の苦手な生徒は、教師の日本語訳に気をとられ、肝心の英語に目が向かない。

④ 日本語訳で1文ごとの意味をとると、もとの英文を構成しているチャンクの順番や文法関係、あるいは、修飾・被修飾関係などが見えにくくなる。

⑤ 日本語訳で1文ごとの意味をとると、テキスト中の新情報（文末）→旧情報（文頭）の文間での受け渡しといった情報構造が捉えられない。

3. 英語指導の日常と授業改善

　ここでは、問題提起の意味も含めて、わたしが日々の英語指導のなかで考えたり感じたりしていることを、教育現場の現状と併せて報告したいと思う。最近は、文法や4技能についての新しい理論を分かりやすく解説した書籍も英語教育の専門家によって数多く書かれており、高校の英語教師としても自らの授業改善に参考になる点が多々ある。また、授業実践を視野に入れた研究会やセミナーも全国各地で開催されるようになり、他の先生方のよい取り組みを自分の授業にバリエーションとして加えることも可能である。

　しかしながら、このような専門書を読んだり研究会に参加していつも思うことは、「しっかりした現状認識に裏打ちされた理論と実践のバランス感覚が、よりよい指導を目指し、創り上げていくうえで、いかに大切であるか。」ということである。例えば、ESLの指導理論をそのまま日本のEFL教室に持ち込んで、効果があるかのように書いていたり、指導理論と謳いながら、指導上の視点だけを与えて、具体的な指導に結びつかないものであったり、汎用性を装うが、学力の高い限られた生徒集団だからできる指導であったり、よそゆきの研究授業で、生徒指導や担任・分掌業務などで日々追いまくられている教師にとっては、コスト的に実施が無理であったり、授業実施者の英語力はすばらしいが、指導内容に理論的視点が乏しく、肝心の生徒の英語力が伸びていなかったり、問題点としてすぐに思いつくものだけでも、これぐらいある。われわれ現場の英語教師は、これらの点に十分注意しながら、常に理論と実践のつながりを念頭に置いて、自らの授業改善に努めるべきである。

　次に「現状認識」について少し述べよう。ここで言う「現状認識」とは、教師の忙しさや生徒の学力や根気など総体的な学校現場の実態について分かっていることを意味する。もちろん、この「実態」は、それぞれの学校によって大きく異なることは言うまでもない。生徒指導に労力を割かれる学校では、各種委員会・分掌・学年・職員会議とクラブ指導に加え、朝・昼・休憩時間の立ち番や巡回、自習監督、遅刻常習生徒に対する早朝登校指導などがあり、勤務時間中にしっかりとした教材研究をする時間を確保

できない学校も多い。このような学校では、教科指導力にプラスして授業中の生徒指導力が要求される。「おもしろい授業をしないから生徒がついてこないのだ」という考え方は一面真実であるが、「おもしろい授業」＝「あそび」という一部生徒のニーズに負けてしまったきびしさや張りのない授業、あるいは、ひたすらプリントなどの作業的課題をさせて、正面から生徒とインターラクションを持つことを避けた授業では、まともな教科指導ができないのは当然である。

　それに対して、いわゆる伝統校と呼ばれるような学力レベルの高い学校においては、やはり忙しさの中心は授業や補習ということになろう。教師は、一流大学に進学したいという生徒・保護者のニーズに応えるべく、受験対策的な内容の授業を強いられる側面も大きい。また、生徒からいきなり出される入試問題などの質問に即答できないと、生徒・保護者の信頼をなくすかも知れないというプレッシャーから、教師は自分の専門知識（入試問題に正解できる力）を強化することに気を奪われ、本来の教科指導の目的に沿ったバランスのとれた指導やそれに向けた授業改善が、取り組まれなくなる可能性がある。

　上で見てきたような学校・生徒の実態の違いによって、具体的な授業や評価の形態はかなり左右される。例えば、予習・宿題などの自宅学習を前提にできるかどうか、ノートを定期的に提出させ評価し、平常点に入れるかどうか、ノートの書き方・内容を指定するかどうか、復習の形態を発問でするか、プリントでするか、小テストでするか、定期テストに応用問題をどれくらい入れるか、教科書以外に単語・熟語集や構文集などを自習させ、毎回範囲を決めてウィークリーテストをするかどうか、学期末の評価で定期テストの点数と平常点（ノートやプリントなどの提出物、小テストの結果、態度点など）の割合をどうするかなどについて、現場の教師は判断を下さなければならない。

　このような学校現場の種々の実態をふまえた「現状認識」なくしては、真に効果的で日常の英語指導に耐えうる指導理論や指導方法は、決して生まれないし、また同時に、利用可能なすぐれた理論的視点がなければ、われわれの授業改善の進展もあり得ないだろう。

4. 発問の役割

わたしは、かねがね、自分の読解指導のなかで発問の重要性を感じ、その理論的基盤を探し求めてきた。効果的な発問とは、文法訳読式授業で多く見られた結果確認的発問とは違って、学習者が自ら自分の「読み」を深めるきっかけとなるような発問である。そして、このような効果的な発問を考えるうえでの座標軸が2つある。ひとつは、読解の認知プロセスによって与えられる「発問のレベル」であり、もうひとつは、発問が書き手の意図したテキスト理解を進めるためのものか、あるいは、読み手が読み取った内容を個人的解釈へとつなげるためのものか、という「発問のねらい」である。書かれた情報としてのテキストを理解可能なインプットにし、それを読み手（生徒）からのアウトプットにもっていくために、この2つの座標軸はともに欠かすことのできないものである。田鍋（1994, 2000）は、Irwin（1991）の5つの読解の認知プロセスに則した発問による指導を提唱している。（下記引用は田鍋（1994））

①Microprocesses（微視的読み）

各文中の意味の単位、名詞句、動詞句、前置詞句のchunkを、シンタックスの知識でつかむ。

(The red balloon / slowly disappeared / into the blue sky.)

②Integrative Processes（統合的読み）

個々の節や文の間のつながりを理解する。また、推測読みをする。

(John went to the store. He was hungry.)

③Macroprocesses（巨視的読み）

不必要な情報を消去し、パラグラフを要約する。詳細な情報のまとめとなる主題文を見つける。

④Elaborative Processes（付加読み）

読みながら、次に何が起こるかを予測する、自分なりの情景を描く、自分の経験に結びつけて読む。

⑤Metacognitive Processes（メタ認知読み）

読みにおける自らの認知プロセスを自覚し、制御すること。理解できる、理解できないをはっきり知る。理解するためにどうするか、内容を記憶に留めるのにどうするか、を意識する。

田鍋（1994）では、読解の授業において上記の読解プロセスを学習者に説明し、その大切さを理解させたうえで、生徒がそれらを具体的なテキスト理解にどのように適用したかを知るための質問（「なぜそのような解釈をしたか？」・「どこにそうだと書いてあるか？」など）をすることが提案されている。わたしの場合は、現在のところ（生徒の実態に合わせて）プロセス自体の生徒への説明はしないで、こちら（教師側）が発問を考える際の枠組みとして、これを利用している。

　もうひとつの座標軸については、Brown（1994）が、発問を次の2種に分類している。（用語説明の日本語訳は、筆者による要約。）

①Display questions：テキスト内から直接あるいは間接的に答えを求められるもの。

②Referential questions：テキスト内で明らかにされていないことについて、個人的な判断や評価などを求めるもの。

①Display questionsは、質問者（教師）があらかじめ決まった答えを知っている質問で、これをさらに2つに区分すると、テキスト内に答えが文字として書かれているものと、文字としては書かれていないが、行間から明らかに決まった答えを求められるものとに分かれる。この種の発問は、読み手（生徒）のテキスト内理解を促進することが「ねらい」であり、②Referential questionsは、読み手（生徒）のテキスト外思考を促進することが「ねらい」である。（下図参照）

――――――テクスト――――――
インプット→（①Display questions）**→→理解可能なインプット**

⇒（②Referential questions）⇒⇒**アウトプット**

　次に、読解指導における発問を、インターラクションという視点から見て位置づけてみよう。読解指導の教室内には下記の3つのインターラクションが存在する。（西嶋（1997b, 1999）を一部改変）

①教師と生徒のインターラクション

②書き手と読み手のインターラクション

　a）テキストと教師のインターラクション

b）テキストと生徒のインターアクション
　③生徒と生徒のインターアクション
教師は、授業で使用するテキストを事前に読んで指導案を考えるが、この時に「教師がどれだけ深くそのテキストを読んでいるか。」が、よい読解指導をするうえで非常に重要になってくる。教師はまず自分が深く読むこと（上記②a））で、生徒のテキスト理解（上記②b））を促すような発問を教室の実態に合わせて考え、これを授業中に生徒に投げかける（上記①）。また、書いてあることについてグループ討議をさせたり、他の生徒の応答に対する意見を求めたりすること（上記③）も、結果として、生徒のテキスト理解を深めることにつながるだろう。

　つまり、発問を核にした読解指導において、教師には、生徒とテキストのインターアクションがスムーズに行われるよう援助したり、ときには、テキストの内容について生徒どうしが個人的な感想や価値判断などの意見交流をする機会を設けるといったfacilitatorの役割が期待されていると言える。また、教師は、具体的に発問を考える際には、生徒の実態を考慮したうえで、発問の形式と位置を選ばなければならない。授業中の口頭発問としては、Wh questionsとYes-No questionsが中心となり、位置はPre-reading / While-reading / Post-readingの3種類がある。さらに、発問と応答をそれぞれ日本語でするか、英語でするかという選択がある。

　最後に、発問の役割を、箇条書きにしてまとめておく。（西嶌（1999）を一部改変）

　①生徒のテキストに対する理解度をチェックし、生徒のトラブルスポットを予測することに役立つ。
　②発問することによって、生徒に適度な緊張感と自ら考える機会を与えることができる。
　③生徒の学力に応じた発問のレベル・形式を選択することで、生徒のテキスト理解を助けることができる。
　④教師がこのような発問を繰り返すことで、生徒は読解のストラテジーを自然と習慣化することができる。
　⑤生徒に「自分は何が分からないから読めないのか」についての気づき（メタ認知的読み）を持たせることで、その生徒が自分の学習目標を

明確化できる。
⑥Referential questionsを発問することで、生徒がテキストの内容について、自らの意見や価値判断を他者に発信する機会を作ることができる。
⑦生徒が持っている内容スキーマを活性化させるキューとして、利用することができる。
＊⑧形式スキーマのスキル化を促すタスクとして、利用することができる。（＊これについては、「6．直読訳解」で解説する。）

5．学習文法としての文型論

　新学習指導要領に基づく新カリキュラムのスタートを来年度にひかえ、「いかにして生徒たちに実践的コミュニケーション能力を身につけさせるか」について、様々な視点からの模索や議論が続いている。そして、「4技能のバランスと有機的なつながりがよく考えられた英語指導のなかで、文法指導をどう位置づけ、どのような内容と提示方法で行うことが、実践的コミュニケーション能力育成の基盤となるか」ということが、重要課題のひとつとなっている。

　そこで本稿では、まず最初に、言語学習と言語習得の橋渡しをする学習文法の存在を仮定し、次に、学習文法の特性を持ちうるものとして文型論をその中核に位置づける。その後、それをもとにして、1文の意味理解の負担を軽減し、その処理速度を上げる方策としての発問と直読訳解について述べ、これらのことが学習者による目標言語（英語）のアウトプットにつながる可能性のあることを見る。最後に、簡単な実践例を挙げておくので、参考にしていただければ幸いである。

　読解指導において、文法はテキストを理解可能なインプットにするための手段である。しかし、かつて文法訳読式授業で提示されていた文法は、数多くの文法用語と抽象的な説明を含んでいるために、学習者にとっては、文法体系の理解そのものが大きな負担であり、それがひとつの独立した目標となっていた（手段の目的化）。また、この種の文法は、4技能の中でも即時的コミュニケーション能力を必要とするリスニングとスピーキングには、ほとんど貢献できない。それでは、読解指導にはどのような文法指

導も必要ないのだろうか。

　文法訳読式授業とは反対に、明示的文法指導をしない言語使用中心の授業をする場合を考えてみよう。教室内という限られた空間、週3～6時間の授業時間、EFL環境下での学習といった条件を考え合わせると、英語に対するExposureの不足、言語使用に対する直接的必要性の欠如、あるいは、個々の学習者にとって言語資料のインプットが理解可能であるという保証がないなどの理由で、この種の授業において文法が習得のプロセスをたどって内在化され、目標言語の意味処理が自動化されるとは考えにくい。

　そこで、本稿では、下記の性格・特徴を持つ文法を学習文法と呼び、読解指導における新しい文法指導のあり方を追求することにした。

　学習文法：学習者の文法習得（文法の内在化）を促進する明示的内容と
　　　　　　提示方法を持つ文法。
　学習文法：①簡潔さ（学習者にとって理解しやすいか。）
　　　　　　②首尾一貫性（矛盾なく理論としてまとまっているか。）
　　　　　　③一般性（どれだけの言語事実を説明できるか。）
　　　　　　④実用性（言語活動にどの程度役立つか。）　　西嶌（1997c）

　文型を用いた文法指導は、学校文法として文法訳読式授業のなかで古くから、また、広く行われてきたが、かつての指導方法では先行するルールの抽象的説明とその後の文型の演繹的適用が中心で、これをこのまま新しい文法指導の背景理論として利用することは不可能であろう。

　しかしながら、文型論は、チャンクごとの機能をいくつかに分類し、それらを文の要素として表記することで、1文の統語構造を分かりやすく説明できるすぐれた理論である。そのことは、種々の新しい教授法が提唱され、教科書の内容やシラバスそしてタスクなどが、文法中心から言語機能やコミュニケーション中心へと移行した現在でさえ、文型論が所々にまだその姿を留めていることからも推し量れる。この文型論をもう一度見直して学習文法として位置づけ、読解指導におけるテキスト理解の「道具」として利用しようというのが、ここでの試みである。

　そのために、まず、学習文法の視点から見たかつての5文型指導の問題点とその対処法を考えてみよう。（西嶌（1997c）を一部改変）

①文の要素（S, V, O, C）のうち、Vだけが品詞ではないか。
②主語、主部、述語、述語動詞、述部などの文型に関する文法用語が整理されておらず、学習者を混乱させる。
③疑問文、否定文、感嘆文をどう扱うか。
④5文型の文の要素以外に、Quirkらのいう随意的でない副詞的要素（A）がある。
⑤To不定詞や原形不定詞などに、修飾部ではなくて、文の要素に分類できないものがある。

文型論を学習文法として位置づけ指導する場合、初期の提示段階では文の要素はS, V, Oにしぼって基本的な説明をし、Vについては助動詞も含め動詞部的なとらえ方をする。この時に英語のV-Oの語順が日本語とは逆であることを学習者に注目させる。また、5文型にしても7文型にしてもそれぞれの文型でS-Vまでは共通であり、Vの右側にくる文の要素の機能と意味範疇は基本的にその動詞の意味によって決まること、そして、語順を別にして、そのことには個別言語を越えた普遍性があることを教える。

また、日本語は助詞によって文法関係を表し、チャンク間の語順が比較的自由であるので、英語の語順（情報構造）を崩さずに、日本語を意味表示のラベルとして利用することができる。（以後、この操作をラベリングと呼ぶ。）それゆえ、学習文法としては、ルール説明を過度に先行させる演繹的アプローチを避け、英語の言語資料をチャンキングしながらチャンクごとの意味を日本語で理解し、文の要素やその他の修飾部の文中での機能を、帰納的に確認していく方法をとることができる。文の要素C, Aの説明は、それからでも十分であろう。

最後に、まとめとして、学習文法としての文型論を考えるうえで、重要な基盤になる文構造のスキームとチャンキングおよびラベリングに関する注意点を示しておく。

＜文構造のスキーム＞

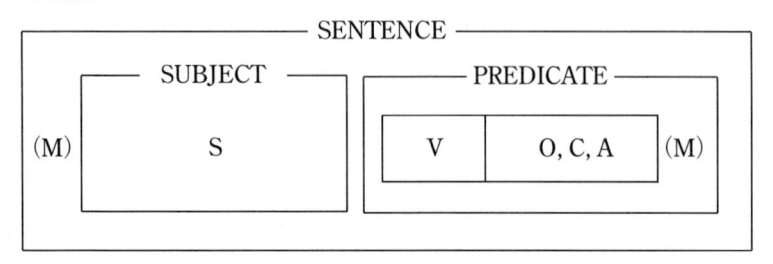

```
┌──────────────── SENTENCE ────────────────┐
│     ┌── SUBJECT ──┐    ┌── PREDICATE ──┐ │
│(M)  │      S      │    │  V  │ O, C, A │ (M)│
│     └─────────────┘    └───────────────┘ │
└──────────────────────────────────────────┘
```

西嶌（1997a, p.16）を一部改変

＜チャンキングおよびラベリングの注意点＞

①チャンキングは文型論（文構造のスキーム）にしたがって行う。

②ラベリングの際に、同一チャンク内の後置修飾に注意する。

③V-Oの語順同様に、前置詞-目的語や接続詞-文の語順にも注意する。

④チャンキング・ラベリングに慣れるにしたがって、一度に意味処理できるチャンクを小さい単位から、より大きい単位へともっていく。

⑤動詞部Vは、述語動詞以外に助動詞やTo不定詞を含めて扱うことがある。

⑥動詞部Vの相、態、時制などによる形態の変化と意味の関係に注目する。

⑦日本語と英語の語彙が、意味的に必ずしも1対1対応の関係ではないことに注意する。

6. 直読訳解と文法形式への気づき

　直読訳解とは、英語の語順のまま、チャンクごとに日本語で意味を貼り付けて、1文またはテキストの意味を理解する方法である。これは、学習文法としての文型論を背景理論として、チャンキングおよびラベリングを行うことで可能になる知的操作であり、繰り返されることで文法の内在化を促進することが期待される指導方法である。また、直読訳解によって生み出された形式は、一種の中間言語であると見ることもできよう。初学者や英語が苦手な生徒には、これを発問によって習慣づける注目すべき重要なやり方がある。チャンクごとの意味を教師側から5WIHを使って発問するのである。これは、1文ごとに文構造のスキームにしたがって、「何

（誰）が、どうした、何を、どのように、どこで、いつ？」と教師側から発問することで、文構造のスキームを内在化させる試みであり、文構造のスキームという形式スキーマをスキル化するタスクなのである。この種の発問は、先に見たIrwin（1991）のMicroprocessesに関するものである。
　読み手が直読訳解の操作に完全に習熟することで、チャンクごとの日本語（意味表示ラベル）が、音声下においても日本語として意識されなくなり、そのまま英文の意味が理解できるようになれば、これを直読直解と呼べるのである。背景理論を持たずに、ただ、「チャンキングをしてフレーズリーディングすることが、直読直解と速読に有効である。」などと述べても、教室現場の指導理論としてはほとんど役に立たないだろう。生徒は、まずチャンキングができないし、1文の意味処理が十分でない生徒に無理に速く読ませても、決してテキスト全体を深く読めるようにはならないのである。
　直読訳解をする際に、注意すべき重要な点がもうひとつある。それは、英語の形態と意味の対応のなかに、日本語にはないものが存在するという事実である。例えば、3単現の-sや複数形の-s、時制の一致、完了形などは、その形態の表す意味を自然な日本語で1対1対応的に示すことは、困難あるいは不可能である。このような部分については、ラベリングをするときに別途形式への気づきを喚起し、明示的説明をする必要がある。特に動詞部の形態変化などは、自然で正確なコミュニケーションを形成するうえで重要な役割を担うので、注意が必要である。
　現在完了形を例にとると、「まず、文中のhave (has) + 過去分詞の部分に下線を引き、形に注目させる。次にこの形式があらわす意味を説明するが、日本語とは1対1対応しないので、適当な図を併用して、『過去のある時点から現在までの意味のつながりを表す』ことを説明する。『経験・結果・継続・完了の4つの用法』のような言い方はしないで、図を用いながら具体的な例文で4つの用法に相当する意味を確認する。最後に、テキストの中で当該の部分がどの意味になっているか、そして、過去形との対比などから、そのコンテキストでなぜ現在完了形が使われているかを発問して、確認する。」といった指導が考えられる。

<図の例>

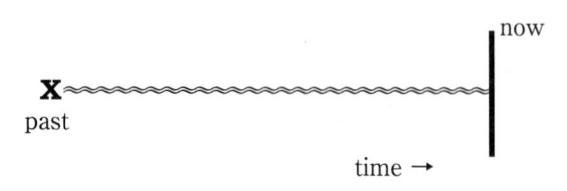

```
         x 〰〰〰〰〰〰〰〰〰〰〰〰| now
         past
                    time →
```

7. インプットからアウトプットへ

　読解指導における発問と文法指導は、ともにテキスト中に書かれた情報として存在するインプットを理解可能なインプットにするための手段である。そして、学習文法としての文型論を背景理論とした直読訳解を促す発問は、文構造に関する形式スキーマのスキル化を促すタスクとして、読み手の文法習得を援助する。このようにして内在化された文構造のスキームは、文を産出する場合にもそのまま利用可能であるから、特定の注意すべき形式への気づきと理解を伴うことで、今度は学習者の目標言語でのアウトプットにつながることが期待される。

　また、上で述べた直読訳解を促す発問は、読み手の1文の意味理解にかかる負担を軽減するので、読み手はテキスト内のより高次な意味のつながり（1文を越えたCohesionやCoherence）に注意を向けることが可能になる。その結果、教師は生徒により深い「読み」を要求することができるようになり、最終的にはテキストの内容について生徒個々の意見や感想を発信させることで、目標言語でのアウトプットにもっていくことが考えられる。

　このように、読解指導においてもインプットからアウトプットへの流れを意識した発問指導や文法指導が重要であり、これが実践的コミュニケーション養成の基盤のひとつとなるのである。

8. 実践例

Lesson 1

Be an Earth Person

　Jiro: There are many countries and many different peoples on the earth.
　Lisa: Yes, but we are all the same in many ways. We all have to eat to live.

We all want to be happy. We all need love and friendship.

Jiro: That's true.

Lisa: And we all live on the earth.

On our earth there are many countries and many cultures. Although we may want to be international, we all have our limits. However, we can be people of the earth. As an earth person, I know how to cross cultural barriers. This does not mean only the study of language, history or geography. It means trying hard, even if you make mistakes

・・・（第2パラグラフ以下省略）・・・

C. W. Nicol

1999年度に長野北高校1年生で使用した英語Ⅰの教科書（SPECTRUM ENGLISH COURSE Ⅰ）にあるテキスト（Lesson 1）から、実際に授業で行った具体的な発問例を挙げることにする。英語Ⅰは総合英語であるが、ここでは発問の部分だけを取りあげて報告する。実際には、もっと多くの発問をしており、その中には発問だけして応答者を指名せずに、少し間を置いてこちらから答えを言う場合も含まれる。教師がする発問への生徒の回答は、音声下のものでも生徒個々の思考を進めたり、深めたりする働きを持っているからである。

＜発問例＞

① （読む前に）タイトル「地球人になりましょう」の『地球人』ってどんな人のことを言ってるのかなぁ。想像でいいから言ってみて。

　→S:「地球にすんでる人」

　T:「それやったら僕らもともと地球人やから、『地球人になりましょう』ってならへんのとちがう。」

　S:「そっかぁ・・・」（以後省略）

　［和問・和答／pre-reading／elaborative／referential／wh question］

② この英文を書いたNicolさんの名前聞いたことある人、何人くらいいる。手あげて。

　→S:（0人）

　T:「えっ、誰もいない。昔、テレビのコマーシャルに出てはってんけど。」（筆者紹介のプリントを配り、簡単に紹介。）

〔和問・挙手／pre-reading／内容スキーマ／referential／yes-no question〕

③<u>There are</u> / many countries and many different peoples / on the earth.
　　　ある　　　　　　　「何が？」　　　　　　　　　「どこに？」
　There areは『ある』という意味やけど、何が、どこにあるの？
　→T:「まず何が」
　　S:「多くの国と多くの・・・人々？・・・」
　　T:「そうそう。differentは『違った、異なる』っていう意味やけどpeoplesは『人々』でいいかな。誰か。」（以後省略）
　　T:「ノートのThere areの部分に線を引いて。ふつう主語は文の頭にくるけど、この形は特別で・・・」（以後省略）
　　〔和問・和答／while-reading／micro／display／wh question〕

④（最後まで読んだ後で）
　ニコルさんの言う『地球人』になることは、現在の世界全体にとってどういう意味があるかなぁ。自分の意見を書いて出して。
　　〔和問・和答／post-reading／macro + elaborative／referential／wh question〕

（西嶌俊彦）

Ⅰ-2(1)　ライティングと文法指導

1. はじめに

　池上（1991）によると、わが国の英語教育には文法偏重という強い姿勢があるとされている。しかし、そこには意味の問題についての細かい配慮やシチュエーションへの配慮が足りなかった。そのために、東京大学を受験するような英語学習者の多くでさえ（1）「辞書をひく」を draw a dictionary とし、（2）「海水浴客」を swimming customers とし、（3）「ああ、またいた」（海外で日本人の旅行客に出会うのを避けようと思って、どうみても日本人は来るはずないと思われるような場所を訪れてみた時に発する言葉）の「ああ」を Alas! とするそうである。

　これは「文法」偏重によって、学習者の間に、語や表現の「意味」が、違う言語の間で一対一に対応するという思い込みを生んでいるからであるとされている。

　一方、近年コミュニケーション重視の英語教育が唱えられるようになり、文法は無味乾燥した規則であるから、コミュニケーションとは相反するものであるとする考え方がある。この誤解も、文法知識や文法指導を意味やシチュエーションと関連づけられないという、上と同じ欠点からきている。

　ライティングと文法の関係について考えてみると、わが国の教育現場では、長い間ライティングとは和文英訳のことであった。和文英訳は、学習者の語彙学習や文法学習の達成度をチェックするためのものであった。そこでは、上で述べたように、日本語と英語の間に一対一の関係が成立しているかのような誤解を植え付ける指導が主流を占めていたといってもよかろう。

2. 意味やシチュエーションを配慮したライティング指導

　和文英訳は、日本語を英語に置き換える機械的な作業であり、そこには学習者の自発的な思考が入り込む余地はない。つまり、与えられる和文は学習者の気持と無関係なことが多い。英作文の名に値する活動とは、学習者が表現したいと感ずる内容を英語を用いて表現するものであろう。

　ただし、初級、中級の英語学習者にいきなり完全な自由英作文を要求することはできない。準備段階が必要である。準備段階で実施されるべきものとして、controlled writingがある。わが国の中学高校レベルのライティング指導で今後要求されているのは、意味やシチュエーションを配慮したcontrolled writingであるというのが、本稿のポイントである。

　コントロールする方法として、内容と形式によるやり方があるとされている。前者では、ある程度トピックを限定しておき、学習者間でディスカッションやpeer correctionしやすいようにしておく利点がある。また、指導者にとっても評価に公平を保ちやすい。

　後者では、パラグラフや語彙や文法等について条件づけておき、指導の便宜をはかる。

　本稿は、ライティングと文法指導をテーマとしているので、後者を中心的に扱うことになる。

　岡野（1993）は、remind+O+that節という構造を使用することを条件づける、次のようなcontrolled writing指導例を挙げている。

　次の見出しの語句を使って、それに続く文の内容にあった英文を作れ。
（S+remind+O+that節）

Last night the siren of an ambulance woke me up. As the siren came closer and closer to my house, I became very anxious about what it was all about.

When I was a small boy, I was carried to an emergency hospital on an ambulance, because I had nearly been drowned to death.

すると、生徒たちは大別して次の2種類の英文を作ったそうである。

a. The siren of an ambulance reminded me of that I had been carried to an emergency hospital.

b. The siren of an ambulance reminded me that I had nearly been drowned to death.

この指導例を紹介したのは、それが生徒たちに意味を考えるようにさせた controlled writing であり、優れた実践だからである。単に、remind+O+of や remind+O+that 節を機械的に指導するのでなく、この実践では英語のリーディングに基づいた意味が大きな働きをしている。

3. sentence-combiners の利用

次に、同様に、意味を配慮した英作文の可能性について述べている2例を引用しよう。最初は佐々木（1951）からである。

仮に今 he-work hard, he-fall ill といった idea がぼーっと浮かんだとする。その時には既にこの2つの内容に何かしらの「つながり」が予定されている。たとえば時間的にどちらが先とか、原因と結果の関係とか、その他いろいろ考えられる。その「つながり」が何であるか、またどちらの内容が頭の中で優位を占めるかによって、それがセンテンスとなって流れ出てくる時の順序や結びつき方が変わって来る。二つを対等に見て He works very hard, I'm afraid he'll fall ill. と並べることもあろうし、「勉強した」方を主にして He worked so hard that he fell ill. とも言えようし、または「病気になった」方を主とし「理由」をつながりとして He will fall ill as he works too hard. なども出来よう。あるいはまたぐっと趣向を変えて If he had not worked so hard, he might not have fallen ill. とか However hard he may work, he will not fall ill. などとなることもあるだろう。

次に、成田ら（1984）による接続詞を利用する文連結についての記述を引用する。

（命題 1）： It snowed last night.
（命題 1）： The street is frozen and slippery.
（命題 3）： She walks carefully.

以上 3 つの命題がもとになり、因果関係、期待、前提等が作用することにより、次のような種々の文が生成される。

1. She walks carefully because the street is frozen and slippery.
2. It snowed last night. When the street is frozen and slippery, she will walk carefully.
3. It snowed last night. She will walk carefully, when the streetis frozen and slippery.
4. It snowed last night and the street is frozen and slippery this morning. Because it is slippery, she is walking carefully.
5. It snowed last night and the street is frozen and slippery this morning. She is walking carefully, because it is slippery.
6. It snowed last night. And Anna, as the street is frozen and slippery, is walking very carefully.

先に引用した岡野（1993）では、remind+O+that 節に限定されていたが、この佐々木（1951）と成田ら（1984）では、文法項目の指定はなく、文連結の方法は学習者に考えさせるものである。その点で、後者の方がより自由であり且つ汎用性も高いと言えるように思われる。

なぜこのような指導を行う必要があるのかということであるが、もしわが国の英語学習者を放っておけば、悪くすると、コミュニケーションの場で彼らが表現できるのは、Yes や No や How much? や 1 語だけということになろう。せいぜい句や単文どまりであろう。

Hunt(1970)は、低学年の児童の作文と高学年の児童及び生徒の作文の間に存在する相違は、語彙や主題だけでなく、syntax にもあるとして、次のように述べている。

School teachers have long felt subjectively that older children write sentences different from those written by young children. They have also felt that the more mature sentences differ not just in vocabulary, and not just in subject matter, but also in syntax. For several decades educational researchers have tried to describe in objective, quantitative, and revealing terms just what those syntactic differences are.

　わが国の英語学習者には是非mature sentencesを使用して自己表現してもらいたい。Huntは、mature sentencesを測る統語的な尺度として、T-unitを提案した。T-unitとは、「等位節の連続を排除した文の語数」と考えてよい。なぜ等位節を除外するのかという点に関しては、Heathering(1979)の説明が答えを与えてくれる。その説明によると、１５歳以下の英米人の子ども言葉の特徴の一つは、例えば大人がI have a black cat whose name is Susie.と言うところを、彼らはI have a cat and her name is Susie and she is black.のように言うそうである。このように、and,butの多用はimmature sentencesの特徴と考えられている。
　なお、Huntが示す図によると、アメリカ人生徒、中学３年生の英文では、１clauseは８．２語、高校２年生の英文で、１clauseは８．６語であり、中学３年生のT-unitは１２．５語、高校２年生のT-unitは１４語である。

　ここまでの検討から引き出せることは、日本人英語学習者がmature sentencesを書くように指導するためには、彼らに深く且つ豊かに物事を考えさせ、それを統語的に発達した文で表現させるようにしなければならないということである。そして、統語的に発達した文とは、接続詞や関係詞や疑問詞（間接疑問文を作るのに使用される）を含む文ということになる。
　そして、ようやくここでライティングを発達させるための文法指導の重要性というテーマにたどりついたことになる。

　英米では、文法はリーディングよりもライティングと深く結びついていることがZamel(1976)の文章で記述されている。

Just as the ESL approach to teaching composition has largely been based on grammatically-oriented instruction, the study of grammar and usage has long been synonymous with the teaching of composition in the field of English. One needs only to look at the great number of experiments seeking to establish the effect of grammar on the improvement of writing to realize that for over a century teachers had been teaching grammar and expecting , indeed assuming, that it would help their students write better.

4．実験調査

ここまでに紹介した岡野（1993）、佐々木（1951）、成田ら（1984）の指導例が教育現場で活発に実践されていれば、わが国の英語学習者の発信能力はもっと発達していたことであろう。筆者自身も1989年に出版した著書『英語運用能力を伸ばす英文法』（山口書店）においてこの点を主張したのであったが、残念ながらそれほどの影響力を持ち得なかった。

筆者は中学高校で教えていないので、この指導方針をためし、その効果を実証できる立場にない。今回、高校2年生、3年生、大学2年生に文連結の問題を課し、現状把握を行う実験調査を行ったので、その報告を行いたい。回答者は、いずれも徳島県内で学ぶ公立校の生徒、学生である。

調査用紙には次のような指示と英文を与え、時間は20分程度としたが、時間不足の場合は延長した。

問題：英語には文と文をつなぐ働きをする語（and, but, though, as, because, when, after, before, while, which, who, that, how, whyなど）があります。これらを使って、<u>次の文をまとめ1文</u>にしなさい。きまった正解はありませんので自由に英文にし、1つだけ答えを書きなさい。なお、3つの文の順序は自由に変更してよいし、途中一部変更（例：Johnをheに変更）してかまいません。また、辞書の使用は自由です。

　A: It was very windy.
　　Betty did not go out.
　　Betty was going to go shopping on Sunday.

第2章　ライティングと文法指導（1）

答え（

B: The earth is round
　　John got to be fifteen years old.
　　John did not know the fact.
答え（

C: John did not feel well.
　　John had a cold yesterday.
　　John did not take a bath.
答え（

D: The letter had no stamp on it.
　　John received the letter.
　　John came home at six.
答え（

E: Do you like carrots?
　　I want to know the reason.
　　I do not like carrots.
答え（

感想（もしあれば）

「きまった正解はない」としておいたが、予め想定していた回答は次のようなものであった。

　A. Though Betty was going to go shopping on Sunday, she did not go out, because it was very windy.

　B. Before John got to be fifteen years old, he did not know the fact that the earth is round.

　C. As John had a cold yesterday and did not feel well, he did not take a

25

bath.

D. Wheh John came home at six, he received the letter which had no stamp on it.

E. As I do not like carrots, I want to know why you like carrots.

もしこの回答をすると、sentence combinersの使用は、順にthough, because, before, that, as, and, when, which, as, why ということになり、asが2回となるが他は1回ずつでよく、多様性に富むsentence combinersの使用が可能となるはずである。

意味を考えさせるということで、各問3つの単文を示したわけであるが、筆者としては内容的に高校生や大学生には単純すぎ失礼にあたりはしないかと心配していた。しかし、感想欄に、「難しい」とか「関係が分からない」とか書かれてあって、彼らは物事を考える習慣が全然ついていないんだなあと不安を感じたことであった。

焦点はsentence combinersの使用に当てられているので、次にその使用状況を示す。なお、カッコ内の最初の数字は正用、2番目は誤用を示す。

高校2年生（35名）——because(44/33), but(57/16), and(28/18), 不使用(46), that(9/21), when(23/7), who(6/2), why(3/3), what(0/6), why 93/3), その他until, after, before, so, if, which, asが少数見られる。

高校3年生（37名）——because(64/6),but(43/12), and(35/13), when(37/3), 不使用(32), that(18/10), why(13/5), as(5/10), which(9/2), so(4/5), who(0/7), その他after, before, for, while, howが少数見られる。

大学2年生（28名）——because(41/13), but(41/11), 不使用(40), and(30/4), that (21/4), so(19/4), when(17/30), though(9/4), which(7/3), why(3/2), その他while, as, if, after, what, before, until, howが少数見られる。

この実験調査の結果はほぼ予想どおりであった。正誤の判断では、できる限り正用の方に入れたが、それでも誤用の多さは目に余るものがあった。なお、thatの使用はthe fact that....という接続詞としてがほとんどすべてであり、関係詞としての使用は1例のみであった。

まず、共通点を拾ってみる。
（1）不使用が相当多い。
（2）becauseが最も多用されている。
（3）but,andが多用されている。
（4）when,thatはほどほどに使用されている。
（5）関係詞の使用は少ない。
（6）間接疑問文は使用しようとしない。
（7）sentence-combinersの種類の使用は非常に限られている。

　一方、相違点としては次のことが言えよう。
（1）学年が進むにつれて誤用が減少している。
（2）大学生になって、thoughが使用されるようになる。

　本調査に協力してくれた英語学習者は平均的（あるいは、それより少し上）な学力を有していると思われるが、この分析結果（特に、共通点（1）、（3）、（5）、（6）、（7））から見て、わが国の英語学習者の多くにはmature sentencesを書く能力が欠けていることが検証できた。
　これは、教育現場で1文単位の解釈や作文の指導が主流を占めており、discourseやパラグラフを配慮した指導が少ないからと推察することもできる。

5．おわりに

　本実験では、sentence-combinersを与えて、mature sentencesを書くことを意識させた上での活動であった。それでも、わが国の英語学習者は、それらsentence-combinersの使用について極めて限定的且つ消極的な態度をとることが検証できた。
　しかし、これは予想していたことである。なぜなら、彼らは物事を自分で考え、その内容を筋道たてて表現することに慣れていないからである。sentence-combinersの使用を意識しない自由英作文では、もっと悪い状態になることが心配される。
　今後英作文指導の中のcontrolled writingとして、このsentence-

combinersの使用を条件付ける活動がもっとひんぱんに行われるよう提案したい。それによって、英語学習者が考える人間になり、mature sentencesを書く能力が伸びることが期待できるからである。

文法項目としての接続詞、関係詞、疑問詞を無味乾燥した規則として扱うのでなく、このように英作文におけるsentence-combinersとして扱えば、それは意味とシチュエーションをもって働くことになる。これは1例であり、英語教員は他の文法項目についても、同様に意味とシチュエーションを配慮した活動の中で指導するという工夫をするべきであろう。

なお、ここまでに扱ったすべての指導例や実験調査では、与えられる英文は既に決まっているので、学習者の自発性が発揮されないのではないかという批判がでてくるかもしれない。

そこで、最後に、Zamel(1980)及びPack and Henrichsen(1982)より、次のような設問も利用できることを示して、本章を終わりたいと思う。

想像力を働かせて下線部に適当な英語を書きなさい。
(1) Since ＿＿＿＿＿＿, he went to college.
(2) He went to college even though ＿＿＿＿＿.
(3) As soon as ＿＿＿＿, he will go to college.
(4) After John finished his work, ＿＿＿＿.
(5) Although he knew he should stay, ＿＿＿＿.
(6) Wheh the concert starts, ＿＿＿＿.
(7) Because he wanted to do well, ＿＿＿＿.
(8) Since he had read the textbook, ＿＿＿＿.
(9) If nothing else was available, ＿＿＿＿.
(10) In case he needed it, ＿＿＿＿.
(11) Whatever the outcome would be, ＿＿＿＿.
(12) Before the presents were opened, ＿＿＿＿.

（太田垣正義）

Ⅰ-2(2)　ライティングと文法指導

　この章では、書く活動を行わせる中でコミュニケーションを目指した文法指導をどのように進めていけばよいかという課題について、主に実践面から検討していくことにしよう。ここではライティングを広く捉え、いわゆる英作文と呼ばれる活動だけでなく、空欄のみを書きこむ活動や、文の書き換えといった活動も含めて考えていくことにする。

1. ライティング練習のタイプ

　外国語学習におけるライティング練習には大きく分けて2つのタイプがある。1つは、学習した語彙や構文の強化（consolidation）を指向するタイプである。もう1つは、内容伝達を指向するタイプである。本書の性格上、この章では、主として、前者のタイプのものを扱うことになるが、これら2つの側面は決して相反するものではない。むしろ、コミュニケーション能力を高める文法指導という目的を達成するためには、可能な限りその2つを融合した活動内容を探っていく必要があるといえるだろう。

　日本の英語教育におけるライティングの指導というと、すぐに頭に浮かんでくるのは和文英訳である。そして、学習した文法項目がきちんと身についているか確かめることが目的になっていることが多い。この場合、チェックしたいのは、学習者がどれだけ上手に原文の日本語を解析し、的確に英語の語順に置き換えることができるのかにほかならない。書き手がメッセージの内容そのものに自分自身の判断を加えて表現することはあまり期待されていない。和文英訳に日本語と英語の言語的差異や文化的差異に気づかせるのに有効な側面が数多くあることは否定できないが、我々の実際の生活を見渡してみると、はがきや手紙でお礼や行動予定を伝えたり、ことづけを残したり、メモを取ったり、料理のレシピを書き留めたり、報

告書をまとめたりするなど、書くことが必要とされる場面は多彩であることを忘れてはならない。まず自分たちが実際に行っている日本語での言語生活を振り返るだけでも教室での言語活動へのヒントが数多く得られるはずである。

2. コミュニカティブでない活動とは

　ライティングにおける文法指導のあり方を考える前に、コミュニカティブではない教材・活動とはという疑問から議論を始めたいと思う。まず、ある英文法問題集に出ていた練習問題を取り上げ、次に、コミュニケーション活動として英語専攻の大学4年生が教育実習の模擬授業用に作成したワークシートを取り上げることにしよう。

2.1　ある文法問題集から

　外国語の学習において反復練習(drills)はどうしても欠かせない要素である。何度も声に出して読んだり文字にして書いたりする練習がなければ、学習項目の十分な定着を期待することはできない。しかし、このような練習は、多くの場合、文脈から切り離された単文が用いられることが多い。しかし、文法に適っていればどんな例文を生徒に与えてもいいわけではない。コミュニカティブな指導は既に言語材料選定の時点から始まっている。指導者にまず求められるのは、できる限り質の良い例文を用意できる技量である。提示された文が文脈に支えられなくても発話の意図が理解しやすい文なのか、頭を相当ひねらないと理解できない文なのか常に意識しておく必要があるだろう。

　下に挙げた設問は、ある中学3年の生徒が学校で宿題用として渡されたプリントに出ていたものである。

　　☆次の日本文の意味を表すように、＿＿＿に適語を入れなさい。
　　（1）私はその表紙が赤い本を買いました。
　　　　I bought the book *whose cover* is red.
　　（2）私にはお父さんが音楽家である友達がいます。
　　　　I have a friend *whose father* is a musician.

(3) 彼女は青い屋根の家に住んでいます。
She lives in the house *whose roof* is blue.
(4) 私はおじさんが牛を飼っている少年を知っています。
I know a boy *whose uncle* keeps cows.
(5) 彼女は夫が戦争で死んでしまった婦人です。
She is a woman *whose husband* was killed in the war.

　上に引用したのは一部であるが、与えられている英文を読んでみると首をかしげたくなるものが多い。文意は容易につかめても、発話が生じる状況や意図が頭の中でイメージができない不自然な文が次々と出てくる。例えばShe is a woman *whose husband* was killed in the war.という文では主語が代名詞sheで始まっていることに注意したい。その人物が誰なのか、話し手にも聞き手にも既に了解済みであろう。つまり、この文脈ではおそらくHer husband was killed in the war. と言えば十分事足りるであろう。想定される文脈にそぐわない構文を選んでしまうことが不自然さの原因であるといえるだろう。このような学習活動には、ことばの働き・情報の伝達というコミュニケーションの要素への配慮を見ることができない。たとえ言語形式の操作練習（manipulation）が目的だとしても、生徒に提示する練習文の適否は前もって判断しておく必要がある。

2.2　教育実習生による授業案

　次は、コミュニケーションという語をよく理解しないまま活動内容を考え、授業に移した事例である。ある英語専攻の大学4年生のグループが、教育実習前に中学校2年生を学習者として想定して模擬授業を行った。その際に「コミュニケーション活動ワークシート」ということで作成したのが下に引用した活動である。設定した目標は「be going to〜を使って自分のこれからの予定を表現できるようになる」であった。

予定を表す be going to ～

☆自分の予定を書いてみましょう。

	例	①	②	③	④
いつ	after school	for the "Golden Week" holidays			
何をする	play baseball				

☆上の予定を be going to を使った文で表してみましょう。

　（例）I'm going to play baseball after school.

① _____ .

② _____ .

③ _____ .

④ _____ .

☆友達の予定を尋ね、答えを書いてみましょう。

(例) Are you going to study Japanese next year? Yes, I am.

―――――――――――――――――　　―――――――

　作った当人たちは、コミュニケーション活動と称してこの教材を準備した。しかし、残念ながら与えた指示は「be going to を使った文で表してみましょう」であり、言語操作をさせる内容になっている。しかし、もし言語操作をねらいとするのであれば、I 以外の主語に合わせて be 動詞の語形変化も考慮にいれたものにすべきであろうが、その意図も見られない。結局中途半端な内容となってしまった。

　2つ目の活動ではスピーキングとライティングを組み合わせようとした。ここでの問題点は、設問の内容と例示した対話自体が噛み合っておらず不自然なことである。つまり、誰と誰の対話なのかが不明なのである。次の問題点は唐突で不自然な発話の内容である。Are you going to study Japanese next year? という発話が成立するのは、「聞き手が日本語を勉強するつもりでいること」を話し手が知っていて、それが来年であることを

確認したい場合であろう。

　このような事例が示唆するのは、コミュニカティブな指導というのは、コミュニケーション活動と呼ばれるような部分のみを考えればそれで事足りるわけではないということである。つまり、コミュニケーション能力の向上への実践は、言語材料選定の時点から既に始まっているのである。たとえ穴埋めや部分的な英訳をさせるような活動であったとしても、タスクに用いる英文は、信頼できるALTに協力してもらったり、コンピュータコーパスの検索結果を編集するなどして、文脈や実際の使用がわかり易いものを与えるようにすれば、生徒が触れるインプットの質を向上させることができるだろう。

　　言語の機能的側面に配慮することなく活動をコミュニカティブにすることはできない。Wilkins（1984）が日本語版へのはしがきで述べた「外国語教育においてはいかなるアプローチも、言語形式、意味、言語使用の3つを公平に扱うべきで、いずれかが他の2つよりも偏重されるようなことがあってはならない」という指摘を常に念頭に置いておく必要があるだろう。

3. 文法の摂取を目指すタスク活動
3.1　アウトプット活動を目指したインプット活動

　松畑（1989）は、コミュニケーション重視の英語教育にとって重要なのは①information gap を埋めること、②task-orientedであることを述べつつ、問題点の根源として「コミュニケーション」という用語の不明確な用法を指摘している。コミュニケーション活動と呼ばれる活動であるにもかかわらずコミュニケーションの土台を成す言語能力の養成に結実していかないのは何故か？　最近、その問いに答えようとする実践報告書に出会った。それには次のように書かれている。

　「コミュニケーション活動」といえば、多くの場合、スピーチやディベートなどの派手なOutput活動に目が奪われがちである。しかし、生徒が自分の思い通りにOutput活動を行いたいと思った場合、文法事項や語彙などが身についていないと思うようにはできない、ということを痛

切に感じるようになったのは、私たちだけであろうか？・・・・英語の授業の中で最もコミュニケーション活動とかけ離れた印象のある文法の授業も、Input→Intake→Outputという発想に立てば、Output活動に結びつけるための重要なプロセスであり、その定着なくして多彩なOutput活動は行えない。(『コミュニケーション活動事例集』「コミュニケーション活動事例集編纂にあたって」)

同感である。十分なインプットがなければアウトプットを取り出せるわけがない。課題はそのインプットの質と量とをどのように捉えるかであろう。次節には試案の活動例をいくつか挙げてみたが、作成にあたって配慮したのは次の3点である。

・使用場面もしくは文脈が特定できる
　　→　ことばの使用場面が把握しやすい
・問題解決型になっている
　　→　problem-solving/task-performingの手段がことばになっている
・くり返し行う
　　→　インプット量の確保を図る

教室での口頭練習だけで十分なインプット量を確保することはなかなか難しい。文法項目が複雑になればなるほど、書いてじっくりと理解していくプロセスがどうしても必要になってくる。ただし、単調な内容ではどうしても飽きを誘ってしまう。同じ操作を繰り返させるが、異なった表現内容を導く練習が不可欠であろう。

3.2　文法能力を定着させるためのライティングタスク

この節ではいくつかのタスク案を提案する。文法事項の定着を狙ったものということもあって、どれもが指示に沿って進めていくguided writingになっている。提示したタスクはあくまでも案であるので、必ず学習者の実態を勘案する必要がある。レベルに応じて語彙の難易を調整したり、問

題数を見直したりする必要があるだろう。示した文法事項以外の学習にも拡張できる場合にはぜひ試みてほしい。

活動例 1

学習する文法事項：命令文
活動内容：
　2つの絵を生徒に提示し、それらの違いとどうしたらAの部屋がBのようになるのかその手順を書かせる。必要な動詞および前置詞についての復習をしておく必要があるかもしれない。

タスク1
　しゅう君は、2～3日留守をしている間、誰かに部屋を荒らされてしまった。図Aは出かける前の部屋の様子で、図Bは帰宅してからの様子だ。実行犯はカメラ付きのヘルメットをかぶっていた。ボスは車内で部屋の様子をモニターしていた。さあこの現場の様子を見て、ボスが実行犯に携帯電話でどんな指令を出したのかまとめてみよう。

Swan, Michael and Catherine Walter (1984:90)参照。

例　Take the jacket out of the room.
　　Bring a guitar into the room and put it on the chair.

第Ⅰ部　教育実践への提言・報告

タスク2
　君がしゅう君の部屋（A）を自分好みに模様替えするとすれば、どんなものをどこに置きたい？まず部屋の様子を思い通りに絵に描いてみよう。そして描いた部屋が完成するように作業の内容を書き出してみよう。

活動例2

学習する文法事項：形容詞
活動内容：
　適切な形容詞を選んで手紙の内容を完成させる、リーディング活動と組み合わせたcontrolled writingの一例。
　CarolとPaulはゴージャスな観光地として有名なモナコを旅行中。
　しかし2人が体験した内容はずいぶん違っているようだ。友人のAndrewとGeorge宛に出した手紙を読みながら適切な語を書き込んでいこう。

quiet	cheap	good	terrible
beautiful	hot	sunny	cold
noisy	rainy	expensive	

Dear Andrew,	Dear George,
We have a _____ room with a _____ view of the sea. The weather is fine. It's _____, so the children can play on the beach all day. The restaurants are _____ but the food is very, very _____. We go for a meal every evening. Wish you were with us here in Monaco. Carol	Monaco - never again! The weather is _____. It's _____ and _____, so we can't go swimming or lie on the beach. The hotel is _____ because there is a disco next door. The restaurants are _____ so we never go for a meal. Back home next week - thank goodness! Yours, Paul

Gallasch et al. (1993)参照。

活動例3

学習する文法事項：be going to～

活動内容：タスク1は主語の単複とそれに対応するbe動詞の選択を確認する目的を担っている。タスク2では、与えられた挿絵に描かれている人たちの行動について説明する文を書かせる。順序として、まず現在進行形を用いて現時点における行為を描写させ、続いてここでの学習文法事項であるbe going toを用いてその後に発生する行為を描写させる。タスク3では、その人たちが1時間後にはどうするつもりなのか生徒に創作させる。

タスク1

どっちが必要？　is going toそれともare going to？　完成した文を書いてみよう。

1. What time | you | be home tonight?
(*What time are you going to be home tonight?*)
2. When | your parents | move to Sendai?
3. Why | your daughter | study engineering?
4. How | we all | travel to Seoul?
5. Where | Yuji | buy his new softball glove?
6. Who | cook dinner today?

タスク2

下の絵を見て絵の中に出ている人たちが今何をしているのか書いてみよう。そして、これから何をするつもりだろうか。英語で書いてみよう。必要な単語は辞書で調べてみよう。

Swan, Michael and Catherine Walter (1984: 97)を参考。

［例］ 1. A young woman is pressing a button on the wall. I think she is going to use the elevator.

タスク3
さてそれでは1時間たった後この人たちはどうするつもりだろうか。君が考えつくその人たちの行動を書いてみよう。
［例］ I think she is going to see her child at school.

活動例4

学習する文法事項：過去時制
活動内容：
　タスク1では歴史上の人物と出来事、その年代が正しくマッチするように英文を完成させる。その際、動詞の語形を正確に書き表す必要がある。リストに挙げる事柄については、生徒たちの興味・関心に応じて無理なく答えられる内容にすることが望ましい。タスク2はリーディングと組み合わせた活動である。与えられた文章を読んで、書かれてはいないが、読みとることのできる情報をまとめていく能力を問うguided writingの例である。ここでは過去と現在との対比を活用している。

第2章　ライティングと文法指導（2）

タスク1

B欄の文はA欄の人物について説明したものです。誰がどんなことをしたのか正しくなるように文を完成してみよう。ただし、年表のように、年代の古いものから新しいものへと順番に書くこと。

A欄	B欄
Charles Lindbergh	become one of the stars of Serie A in 1998 and1999.
Giant Baba	receive the Nobel Peace Prize in 1979.
Mother Teresa	direct Princess Mononoke in 1999.
Nakata Hidetoshi	retire from sumo wrestler in November 1997 and became an actor.
Konishiki Yasokichi	make the first solo flight from New York to Paris on May 21, 1927.
Miyazaki Hayao	travel for 17 years and created a map of Japan (Dai nihon enkai yochi zenzu).
Ino Tadataka	arrive on July 8, 1853 at Uraga near Tokyo with 4 ships.
Matthew Perry	be a baseball player but become a professional wrestler on September 30th, 1960.

［例］Charles Lindbergh made the first solo flight from New York to Paris on May 21, 1927.

タスク2

次はただしさんのことについて書かれた文章。この文章を読んで、彼の暮らしぶりをまとめてみよう。

　Fifteen years ago, Tadashi was twenty years old, and he was very poor. Life was difficult. He had to work very hard. But he had a good time. Now he is thirty-five years old. He has a good job and he is rich. Life is easy. And he still has a good time!

39

昔はどうだった？　　　　　　↔　今はどう？
Tadashi worked very hard.　　↔　He doesn't work very hard.
He lived in one small room.　↔　He lives in a very big house.
He started work at 7:30.　　　↔　＿＿＿＿＿＿＿＿＿＿＿＿
＿＿＿＿＿＿＿＿＿＿＿　　　↔　He works five hours a day.
He ate cheap food.　　　　　　↔　＿＿＿＿＿＿＿＿＿＿＿＿
＿＿＿＿＿＿＿＿＿＿＿　　　↔　He often goes to restaurants.
He did not travel much.　　　↔　＿＿＿＿＿＿＿＿＿＿＿＿
He played video games
on Saturday afternoons.　　　↔　＿＿＿＿＿＿＿＿＿＿＿＿
＿＿＿＿＿＿＿＿＿＿＿　　　↔　He still has a lot of girlfriends.
＿＿＿＿＿＿＿＿＿＿＿　　　↔　He doesn't want to be an artist.
His mother worked in a shop.↔　＿＿＿＿＿＿＿＿＿＿＿＿
＿＿＿＿＿＿＿＿＿＿＿　　　↔　He has three cars.

Wishon, George E. and Julia M. Burks (1980)参照。

活動例6

学習する文法事項：受動態

活動内容：

　受動態の文を指導する際には、能動態の文からの書き換え操作をさせることが多い。しかし、実際にはby句が現れない割合が多い。これは受動文というものが基本的に主語について語っている文であるというコミュニケーション上の理由がある。

　タスク1では、例にならい、与えられた名詞について語る文を書かせる。各々の事物と動詞、時間表現を総合して肯定文、否定文、疑問文を作らせる。

　タスク2は、与えられたパラグラフを読みながら、括弧内に与えてある動詞を適切な形に書き換えていく活動である。文脈からの情報をもとにして、態と時制を正確に捉え、使えるようになることを目指している。

タスク 1

1. the classroom – sweep

例：every day

　The classrooms are swept every day.

a. before I arrive every morning　　b. early every morning
c. frequently　　　　　　　　　　　d. tomorrow morning
e. yet　　　　　　　　　　　　　　f. a while ago
g. once a day　　　　　　　　　　　h. every time they need it
i. never, before nine o'clock　　　　 j. already

2. the championship game – play

例：yesterday

　The championship game was played yesterday.

a. usually, in the fall　　　　　　　b. before I left New York
c. last month　　　　　　　　　　　d. regularly since the war
e. once a year　　　　　　　　　　f. twice a year, any longer
g. still, twice a year　　　　　　　　h. once a year from now on
i. this year　　　　　　　　　　　　j. yet

タスク 2

　Animals are sometimes given (give) puzzles to do in experimental situations. Much _____ (write) about the skill with which monkeys _____ (do) the standard puzzles. They (become) experts in doing such puzzles. In fact, they _____ (grow) bored with puzzles because they _____ usually _____ (do) easily. Testers who _____ (see) this reaction _____ (take) pains to plan more complex puzzles. If monkeys that they test _____ (know) they _____ (bring) a harder puzzle by the testers, they _____ _____ (beat) all records in doing the puzzle.

　You probably _____ (know) that cooperation in solving a puzzle _____ not _____ (see) in most animals. We _____ (run) into an exception in the case of chimpanzees. Once a tester _____ (choose) an interesting test. A box of food, too heavy for one chimp to pull by an attached rope, was placed outside a chimp's cage and out of reach. One chimp _____ (go) to the edge of the cage and _____ (tear) at the bars. One bar of the cage _____ (loosen) when an idea _____ (come) to the chimp. The first chimp signaled to another, and the two pulled together and _____ (bring) the box within reach.

Wishon, George E. and Julia M. Burks (1980: 220) を参考。

活動例7

　学習する文法事項：分詞構文
　活動内容：次は、読む活動とsentence combiningをguided writingに組込んだ活動を通して分詞構文の定着を図ろうとする案である。まず1～5、a～eの文を順番を並べ替えておいて提示する。生徒は与えられたタスクにとりかかる。分詞構文の形式的な点についての学習を済ませた後に行わせる活動といえるかもしれない。

　タスク
　ゆうじ君の数学の担任はMrs. Chen先生です。彼女は中国で生まれましたが、日本の大学を卒業し、今は中学校の数学の先生をしています。ゆう

じ君たちはChen先生を紹介する文を作ってみることにしました。君もゆうじ君たちを手伝ってくれないか？

［例］

Mrs. Chen sometimes teaches in Chinese and Japanese. She is bilingual.

この2つの文の内容はどんな関係になっている？つなげて1つの文にした日本語訳をまず作ってみよう。

「2か国が使える」［理由］⇒「Chen先生はときどき中国語と日本語で授業をすることがある」［結果］

訳：2か国語が使えるのでChen先生はときどき中国語と日本語で授業をすることがある。

つなげて出来た：

Being bilingual, Mrs. Chen teaches in Chinese and Japanese.

---

1. She teaches algebra and geometry now.
2. She usually gives her students homework.
3. I consider she is a good teacher.
4. She has won several honors.
5. She will take a new job soon.
a. She studied math at college.
b. She believes that it is good for students.
c. I have taken several of her courses.
d. She is well known for her skill.
e. She has been at the same school for ten years.

設問1：繋がりのある文のペアを作ってみよう。
　答：　1-a, 2-b, 3-c, 4-d, 5-e
設問2：2つの文をつなぎとめるのに関係は「時」「理由」「条件」のうちどれ？
　答：　1.時　2.理由　3.理由　4.理由　5.理由
設問3：全ての文を上の例のように書き換え、順番を並べ替えながら

Chen先生の紹介文を完成してみよう。

　答：

　Being bilingual, Mrs. Chen sometimes teaches in Chinese and Japanese. Having studied math at college, she teaches algebra and geometry now. She usually gives her students homework, believing that it is good for them. Having taken several of her courses, I consider she is a good teacher. Having won several honors, she is well known for her skill. Having been at the same school for ten years, she will take a new job soon.

　　　　　　　　Wishon, George E. and Julia M. Burks (1980)を参考。

4．まとめ

　以上、ライティング活動における文法指導について、求められる要素といくつかの活動例を提案してみた。コミュニケーション能力の基盤である言語能力を確実にしていくことを狙ってみた。オーラル・コミュニケーションが過大に強調されているが、ESL環境とは異なり、耳からのインプットが量・質ともに劣らざるを得ないEFL環境での書く活動は特別な意味合いがあり、もっと重視されてもいいのではないだろうか。また、他の技能と連携させた活動内容を充実させていく研究もますます求められる。

　　　　　　　　　　　　　　　　　　　　　　　　（五百蔵高浩）

Ⅰ-3(1)　リスニングと文法指導

　本章では、リスニングを実践的なコミュニケーション能力の育成のための基礎能力と考え、コミュニケーションの場面で、話し手の発話の意味や意図の適切な理解を促す、リスニングにおける「コミュニカティブな文法指導」について検討する。リスニングにおける「コミュニカティブな文法指導」は、文法事項そのものを教えることを目的とせず、聞き手が実際にコミュニケーションの場面で遭遇する発話理解の妨げとなる文法事項を理解し、それによって発話の意味や意図の円滑な理解をはかることができる文法指導を目的とする。以下では、聞き手が実際のコミュニケーションの場面で、情報の受け手として発話を理解しようとする時、分からなかったりして発話の理解の妨げとなるような文法事項に気づき、これらを特定し、理解し、実際に活用することで、発話のスムーズな理解が得られ、聞き手と話し手のコミュニケーションが促進される文法指導を提案したい。

1. はじめに
　リスニングは、音声、語彙、文法、既有知識や先行経験、場面などの幅広い情報をオン・ラインで処理し、限られた時間や記憶の中で話し手の発話に含まれるメッセージを理解しようとする行為である。これに対し、従来しばしば教室で行われてきた音声や語句の識別やディクテーションのような、音声を聞き分け語句や文の意味を解読する行為はヒアリングと呼ばれ、リスニングとはしばしば区別されてきた（Widdowson, 1978）。本章では、実践的なコミュニケーション能力の育成という立場から、リスニング能力を伸ばす文法指導について考えていくことにする。

2. リスニングのメカニズム

　我々は、日常生活のあらゆる場面で、毎日様々な音声を通じてリスニングをとおしたコミュニケーションを行っている。事実、言語によるコミュニケーションのおよそ４５％はリスニングに依存して行われている（Oxford, 1993; Celce-Murcia, 1995）といわれており、スピーキングの３０％、リーディングの１６％、ライティングの９％に比べてもその割合は著しく高いことが分かる。リスニングは日常、最も頻繁に行われる伝達行為であり、子供の母国語の習得もリスニングによる言葉の理解から始まることから見ても、リスニングが言語によるコミュニケーションにおいて果たす役割は大きいといえる。

　従来、リスニングは、他の伝達領域、なかでもスピーキングやライティングといった領域に比べると受動的な能力であるといわれてきた。こうした見方は、リスニングが、情報の処理と理解を中心とした聞き手の内面で行われる行為であるというコミュニケーション上の特性に由来している。とりわけ日常的なコミュニケーションの場面では、外見上は、聞き手がリスニングによる理解の状況を逐一、反応として表出する訳ではなく、リスニングによる理解がスムーズであればあるほど、聞き手は無意識にリスニングによる情報の処理や理解を進めていく。しかし、実際には、一見無意識で自動化された行為に見えるリスニングも、情報処理のプロセスの中では、聞き手は音声による情報を聞き取りながら、リアル・タイムで発話に含まれる情報を解析し、手元の既知の情報と照らし合わせて、話し手のメッセージの意味や意図を適切に取り出している。受動的に見えて、内面では、リスニングという行為により、話し手の発話に込められたメッセージを理解するためのダイナミックで能動的な情報処理が展開されており、聞き手は、音声を介して得た新しい情報と聞き手の頭の中にある既知の情報とのインタラクションにより、発話の適切な理解を引き出しているのである。

　リスニングのメカニズムについては、外からうかがい知ることができないため、今のところ認知心理学や心理言語学からの知見に基づいたモデルでしかその仕組みを知ることができないが、リスニングによる発話の理解や解釈には、ボトム・アップ処理とトップ・ダウン処理が深く関わってい

ることが指摘され、確認されている（Bever, 1970; Clark and Clark, 1977; Anderson and Lynch, 1988）。それによると、リスニングにおける情報処理の流れは、図3.1に示すように、テキストに現れる語句、文といった言語的な情報（音声言語情報）の処理により発話の理解、解釈に到達するボトム・アップ処理と、テキストに含まれる意味的な情報（文脈情報）を手がかりに発話の理解、解釈に到達するトップ・ダウン処理の二つの情報処理の流れからなり、実際のリスニングではそれぞれの処理が相互に補完しあいながら、最も適切な発話の意味や解釈を引き出している。

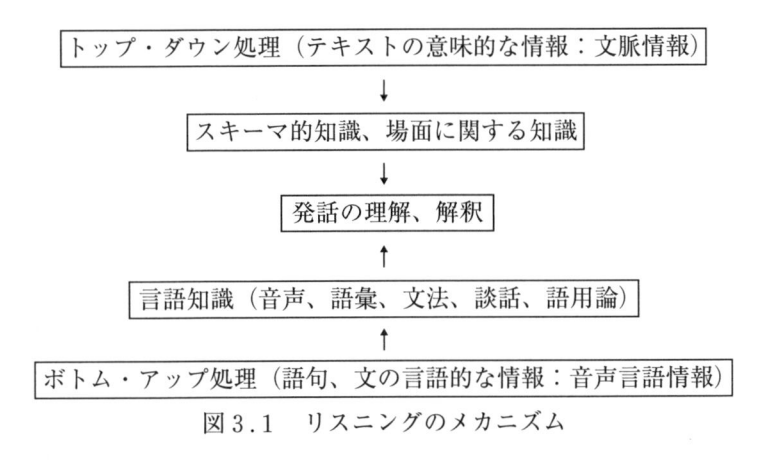

```
┌─────────────────────────────────────────┐
│ トップ・ダウン処理（テキストの意味的な情報：文脈情報） │
└─────────────────────────────────────────┘
                    ↓
    ┌──────────────────────────────┐
    │ スキーマ的知識、場面に関する知識 │
    └──────────────────────────────┘
                    ↓
          ┌──────────────┐
          │ 発話の理解、解釈 │
          └──────────────┘
                    ↑
    ┌──────────────────────────────────┐
    │ 言語知識（音声、語彙、文法、談話、語用論） │
    └──────────────────────────────────┘
                    ↑
┌─────────────────────────────────────────┐
│ ボトム・アップ処理（語句、文の言語的な情報：音声言語情報） │
└─────────────────────────────────────────┘
```

図3.1　リスニングのメカニズム

　ボトム・アップ処理は、音声から直接入力された語句や文を、聞き手がすでに保持している言語知識にもとづいて言語的に意味を抽出する情報処理過程であり、トップ・ダウン処理は、聞き手の既有知識や先行経験（content schema）、発話タイプに関する知識（formal schema）のようなスキーマ的知識（schematic knowledge）、場面に関する知識（context knowledge）にもとづき、発話に含まれる意味的な情報を手がかりに発話の意味を予測しながら解釈を得る情報処理過程である。ボトム・アップ処理とトップ・ダウン処理の相互作用の程度は、発話の内容、種類により異なり、スムーズな理解が得られている場合には、どちらの処理も聞き手の側には顕在化しにくく無意識のうちに自動的に処理がおこなわれているように感じられている。しかし、言語的な情報や意味的な情報の理解が困難

な発話の場合には、発話の最適な理解や解釈を得るために発話の再分析が行われ、ボトム・アップ処理やトップ・ダウン処理が顕在化し、聞き手が自分の情報処理過程を対象化し、制御する力（メタ認知）が生じることが知られている（Brown and DeLoache, 1978）。

3. リスニングと文法指導の接点

　前節では、リスニングによる発話理解は、ボトム・アップ処理とトップ・ダウン処理が同時に並行して行われることにより得られると述べた。本節では、リスニングにおけるボトム・アップ処理に注目し、リスニングと文法指導の接点について見ていくことにする。

　音声を介して耳に達する語句や文などの言語的な情報は、通常すべてボトム・アップ処理のプロセスにまわされるが、その処理は、リアル・タイムで自動的に行われるため、語句や文の処理過程での分析の様子は聞き手の「よくわかる」とか「わかりにくい」とかといった感覚的な判断（intuition）でしかとらえることができない。言語的な情報の処理は、聞き手の短期記憶（short-term memory）の処理量と大きく関わっており、同時に一時的に頭の中に保持できる語句の項目（情報処理の単位、chunkと呼ばれる）は、普通、7項目プラス・マイナス2項目と限られており（Miller, 1956）、自動化されたスムーズな処理はこの範囲内で行われるが、短期記憶の処理量に負担がかかる語句や文の処理には思いのほか時間がかかったり再分析が必要になることがある。聞き手が、語句や文が聞き取れても理解が得られないと感じるのは、短期記憶の処理量に負担がかかる場合で、このような場合は、聞き手は、ボトム・アップ処理を頭の中で意識的に再現したり処理を繰り返したりして処理過程を意識することになる。リスニングにおいて、聞き手が「聞き取りにくい」とか「わかりにくい」と感じるボトム・アップ処理の再分析の場面では、聞き手はしばしば意識的に語句や文について文法的な処理を行っているが、それ以外の「よくわかる」場面では、聞き手はほぼ無意識にスムーズに発話の理解を得ており、リスニングのボトム・アップ処理には、自動化した無意識な処理と認知的な負担が大きい意識的な処理の二つの側面があることがわかっている。

　曖昧な語句や文の再分析は、母語のリスニングでもしばしば見られる処

理過程であり、外国語の場合でも再分析により曖昧な部分が理解できる場合は、聞き手自身による再分析と理解（メタ認知）のプロセスに委ねられるが、再分析から発話理解への到達過程で聞き手の言語知識が不足する場合は、ボトム・アップ処理だけでは十分な発話の理解に届かない場合が生じることがある。母語のリスニングでは、聞き手の言語知識が不足するために、ボトム・アップ処理により発話の十分な理解が得られない場合には、文脈情報を利用したトップ・ダウン処理がボトム・アップ処理の不足を補い発話解釈の抽出が行われ、発話の適切な理解や解釈に到達する。しかし、日常的に音声との接触が限られる言語、特に外国語のリスニングでは、言語知識が不足すると、ボトム・アップ処理が不完全な処理のまま放置されて、再分析により発話理解が得られない場面や文脈情報を利用したトップ・ダウン処理でボトム・アップ処理の不足を補えない場面が生じる。語句や文を聞いてもその理解が得られない、あるいは語句や文が聞き取れても発話の理解や解釈に曖昧さが残ったり、十分な理解や解釈が得られないと感じるのはこのためである。リスニングの情報処理では、ボトム・アップ処理、トップ・ダウン処理それぞれで生じる発話理解、発話解釈の曖昧さを互いが補い合い発話の適切な理解、解釈を引き出しているが、外国語のリスニングのように、言語知識の不足から生じる不完全な情報処理の場面では、ボトム・アップ処理、トップ・ダウン処理の相互の補い合いや再分析による処理だけでは、発話の適切な理解や解釈が得られない状況に聞き手が直面する。そうした場合、聞き手の言語知識の不足を補い、円滑な発話理解、解釈が得られるような学習上の援助の必要性、つまり、リスニングにおける文法指導の必要性が生じる。

　ここで従来の文法指導とリスニングの関係を振り返ってみると、音声の識別や語句や文の聞き取りを重視するヒアリングの指導では、耳を集中させて一語一句を正確に聞き取り文に復元するような意識的な指導が行われることがあった。こうした指導では部分的に語句や文を聞き取ることは可能でも、まとまって連続した発話の流れを聞き取ろうとすると、聞き手は話し手の発話や情報のまとまり（chunk）についていけず、結局、発話の理解に到達しないままになってしまっていた。そのため、発話の理解を重視する指導では、発話のスピードをテープなどでコントロールし語句を理

解しながら聞き取りの練習を繰り返し、聞き手が聞き取り理解できる語句を徐々に増やし、chunkごとの情報量を増やすこと（Ellis,1996）で、一定時間内に処理できる情報量を増やそうとする工夫も行われてきた。また、文や発話のレベルでは、リスニングによる理解が困難と思われるような用例をあらかじめ多く与え、authenticな聞き取りに備える工夫も行われてきた。リスニングにおける文法指導といえば、従来は、リスニングに備えてスムーズに理解できる語句や文法事項の蓄積を促す「事前の学習」にその重点がおかれることが多かった。

確かに、リスニングに備えて必要と思われる言語的な情報の聞き取りの練習や学習をしたりすることで、一定のレベルのリスニングによる理解度の達成を図ろうとする指導は、教材化された音声テキストや対話のように語彙や文法に一定の制約があるテキストの場合には、ある程度の指導の効果が期待できる。しかし、authenticな音声テキストのリスニングや会話のように、「事前の学習」による予測を超えて数多くの語句や文を処理しながら発話の理解をはかることが必要な、実践的なコミュニケーションの場面では、「事前の学習」対応型の文法指導には限界がある。そのため、これまではコミュニケーションの場面をとおして文法指導を行い、リスニング能力の養成を図るという課題は、学習者それぞれの個別の学習や経験に委ねられている部分が大きかった。また、実践的なリスニングの能力は、教室外で積極的にリスニングやスピーキングの経験を重ねることで深化し身につく能力であり、リスニングに即して文法を教室で指導するには限界があるという指導観も、リスニングにおける文法指導という発想を阻んでいた。

本節では前半部分で、リスニングのプロセスを発話の情報処理過程からみると、文法指導は、聞き手の発話理解を助け実践的なコミュニケーション能力を高める上で、学習上の援助と効果が期待できる可能性も持つと述べた。後半部分では、リスニングと文法指導の現状を述べた。次節では、リスニングによる発話理解のプロセスで、音声テキストのボトム・アップ処理に自動的にスムーズな処理が行われる部分と意識的な処理が行われる部分の二つの特性があること、言語知識が不足する場合には聞き手の情報処理のプロセスへの学習指導上の働きかけが必要であることに注目し、リ

スニングにおける文法指導の必要性について検討する。

4. コミュニケーションに即したリスニングにおける文法指導の必要性

　リスニングによる発話理解は、基本的には自動化された一見無意識に見えるプロセスの中で達成されており、発話理解が進むほどリスニングの行為はスムーズに進んでいく。「わかりにくい」と感じる部分については再分析が行われ意識的な言語処理が行われる。母語によるリスニングでは、聞き手は耳に入ってくる語句や文をすべて聞きながら、音声テキストに含まれる意味情報の中から必要なものを取り出し、発話の適切な理解や解釈を得ている。聞き手は、決して語句や文を聞き逃したり無視したりしている訳ではなく、ひととおり語句や文を聞きながら時間的な制約と限られた短期記憶の処理量のなかで必要な情報を選択し、リスニングをとおして最適な発話の理解や解釈を得ている。

　ここで、これまでのリスニングの指導をみてみると、リスニングの指導は、従来からの語句や文の聞き取りを重視したボトム・アップ型の指導と、最近のテキストや発話全体の概要や要点の聞き取りを重視したトップ・ダウン型の指導の二つに分けることができる。従来からあるリスニングの指導は、語句や文をすべて聞き取ってから音声テキストの理解を達成しようとする指導で、もっぱら言語情報に依存したリスニングの指導である。そのため、従来の指導では、個々の語句や文の聞き取りに気をとられてしまうと、聞き取り理解できるところよりも理解できないところ、理解しにくいところに意識が集中してしまい、楽に理解できるところまで不明瞭になってしまうところがあった。いいかえると、従来のリスニングの指導では、聞き手は語句や文についての個々の情報を着実に積み上げることによりテキストすべてを聞き取り理解しようとしていたが、結局は、情報処理上の制約のために聞き逃したり、理解できない語句や文にとらわれてそれが理解の妨げとなり、十分理解できる発話や話の筋まで聞き落としてしまい、リスニングを行おうとしながら実際にはヒアリングの域にとどまってしまっていたようなところがあった。

　これに対し、最近のテキストや発話全体の概要や要点の聞き取りを重視したリスニングの指導は、言語情報への一方的な依存から脱却をはかり、

聞き取りにくかったり理解しにくかったりする語句や文にばかりとらわれず、内容理解に関係のある語句や文に注目し、テキストの全体的な情報の聞き取りを促そうとする指導である。しかし、こうした指導も、聞き手が「わかりにくい」と感じる語句や文を理解できない状態のまま放置して、テキストの大まかな内容の理解にとどまっていると、リスニングをとおしてのテキストや発話の理解の深まりは期待できない。聞き手が必要な情報を拾うように流暢にリスニングを行っていると、部分的な語句や文の理解はテキストの全体的な内容の理解とは無関係のように見えるが、実際には、ボトム・アップ処理による語句や文の処理が自動化されて、「わかりにくい」と感じる語句や文以外では、言語処理の様子が聞き手には意識されにくいだけで、聞き手はひととおりすべての語句や文を聞き取っている。したがって、語句や文にこだわらずわからないものは無視して、話の筋だけ追っていけばよいという指導に陥ると、テキストや発話の内容理解を重視する指導も、発話理解に必要な語句や文の処理を妨げて、適切な理解や解釈を阻むことになってしまう。

　リスニングによる発話の理解や解釈が、ボトム・アップ処理とトップ・ダウン処理の双方向からの処理で達成されるように、リスニングの指導にも言語的な情報の処理や理解を高める指導とテキストや発話の意味的な情報による理解を高める指導の双方が必要であるといえる。では、どうすればこれまでの指導で不足していた点を補い実践的なコミュニケーション能力の基礎能力であるリスニングの力を伸ばす指導が可能であるか。ここで、リスニングの指導の中に、聞き手の理解の特性を生かした指導を取り入れるということを提案したい。

　リスニングという行為の中で、聞き手がスムーズに聞き取れている部分については、言語的な情報の処理も円滑に行われ発話の意味的な内容理解も進んでいる。しかし、言語的な情報の処理に手間取る部分、聞き取った言葉が「わかりにくい」と感じる部分についてはスムーズな理解が得られていない。したがって、スムーズに聞き取れている部分については、音声テキストや発話の内容理解に聞き手の関心を向け、「わかりにくい」と感じる部分については、聞き手が言語的な情報をもとに語句や文の理解が進むような指導、いいかえるとリスニングに沿った文法指導を行えばよい。

第3章　リスニングと文法指導（1）

「わかりにくい」部分ばかりに注意を払うとスムーズに理解できる部分までわからなくなってしまうし、わかる部分だけ聞いていたのでは理解の深まりが得られない。まず、聞き取れるところから理解させ、さらに聞き手が「わかりにくい」と感じる部分については、意識化させて語句や文の理解を助けたり（メタ認知の促進）、場合によっては、テキストから取り出して「わかりにくさ」に気づかせ理解させ（文法知識の明示化と理解）、言語知識の量や理解の不足に起因する不完全な情報処理を補ってやればよい。これは、リスニングにおいて聞き手が「わかりにくい」と感じる部分について意図的に文法指導を取り入れるというリスニングにおけるコミュニカティブな文法指導の提案である。

リスニングは難しいといわれながら、リスニングの指導では、聞き手が実際にリスニングを行う中で難しいと感じる部分については、これまで積極的な指導が行われることはなかった。これは、リスニング自体がコミュニカティブな行為であり、文法指導はリスニングにそぐわないという見方、また、リスニングはリアル・タイムで耳から入ってくる情報を処理し理解を得る行為であるため、実際のコミュニケーションでわかりにくいからといってその都度、リスニングを中断し再分析を行うことが難しいという見方があったためと考えられる。しかし、テキストや発話理解を助けるために部分的に文法指導を取り入れたり、会話のような場合には聞き返しの方略を使用して、聞き手が「わかりにくい」感じる部分の再分析や意識化を行う指導は、コミュニカティブな教材の提示場面や練習場面でも決して困難なわけではない。むしろ、テキストや発話の理解をはかり、現実のコミュニケーション場面での言語や意味情報の処理を円滑に行うことまで想定すると、リスニングにおける情報処理の流れからみて、リスニングにおける文法指導は不可欠な指導であるといえる。次節では、聞き手が「わかりにくい」と感じる部分の例をあげ、リスニング能力を高める文法指導の実際について見てみる。

5. 学習者が直面するリスニングの困難点と文法指導の実際

聞き手は、リスニングテキストのどのような部分に「わかりにくさ」を感じるのだろうか。いくつか例をあげてみてみることにする。

17～18歳の学生80名を対象に、種類の異なる3つのauthenticなコミュニケーション場面から取り出した音声テキスト（会話、ニュース、インタビュー）を聞かせる調査を実施してみた。調査で用いた音声テキストは次のとおりである。

（会話）　　　"Excuse me." "Yes, can I help you?" "I'm looking for a CD for my friend's birthday, but I don't know what to get." "What kind of music does your friend like?" "Pop and soul, I think. Something *smooth* or funky would be great." "OK. How about this? It's the latest CD by Baby Face. It' a collection of his greatest hits." "Oh, *does it have "It's No Crime" on it?*" "Year."（３５秒）

（ニュース）　The Japanese Emperor and Empress have left Tokyo for fifteen days' visit to Eastern Europe. They left Haneda Airport before noon on Saturday for the Czech Republic *on their first leg of the tour. The Emperor and Empress were seen off by* the Crown Prince and Princess, other Imperial Family Members, and Prime Minister Junichiro Koizumi. （３５秒）

（インタビュー）"First of all, they can smell because they have noses like us and *when the water with the blood in goes into the nose, they can tell exactly what it is. But they also have another set that we don't have* and t*hey can pick up an electrical field or other sounds.*"（４０秒）

　調査では、内容理解に関心を向けたリスニングを行っている場合に、聞き手が「わかりにくい」と感じる部分は、(1) 語句や文の音声的特性（聞き取りと識別）、(2) テキストや発話の種類、形式（話題、内容）(3) 語句や文の言語的特性（語彙、統語）に大別されることがわかった。この結果は、リスニングの先行研究で指摘されてきた結果（Rivers, 1981; Nunan, 1999）ともよく一致しており、リスニングによる理解で聞き手が「わかり

第3章　リスニングと文法指導（1）

にくい」と感じる原因の主なものと考えられる。

　さらに調査では、内容理解という点からテキストや発話から感じとられた「わかりにくさ」をつかむために、(2) テキストや発話の形式、種類と (3) 語句や文の言語的特性に由来する「わかりにくさ」の中味について調べてみた。テキストや発話の形式、種類では、「インタビュー」が最も理解しにくく、「会話」が最も理解しやすいという結果となった。また、語句や文の言語的特性に由来する「わかりにくさ」については、前頁テキストに下線で示した部分である。長い発話や文、特定の文法的な特徴をもつ語句や文が「わかりにくさ」の原因となる傾向は、短期記憶の処理量の制約によるものと考えられる。したがって、調査で示したテキストの場合、下線部の語句や文が、文法指導が必要になる部分にあたるといえる。ここであげたテキストの例では、(1) 後置修飾、(2) 物を主語にした文、(3) 前置詞句、(4) 句動詞の受動態、(5) 主部が長い文（袋小路文）、(6) 前置詞の残留、(7) 関係詞節を含む文（埋め込み文）、(8) 指示語の指す内容を特定しにくい文が、聞き手が「わかりにくい」と感じる言語的特性として指摘されている。

　調査で用いたテキストは、実際のコミュニケーション場面から取り出したものであるが、調査用のテキストであるためテキスト自体の話題の完結性には違いがあり、教材用にはややスピードが速く聞き取りにくい部分もみられる。これを実際の教室に取り入れてみると、まず同じように音声テキストを与え、内容に関心を向けたリスニングを行う。リスニング時のリアル・タイムの理解という点を考慮すれば、音声は繰り返し聞かさない方が良い（できれば1回か2回、調査では音声は1度しか聞かせなかったが、テキストや聞き手のレベルにより繰り返し聞かせることが必要な場合もある）。それから、テキストの原稿を見せながらリスニングをさせ、「わかりにくい」と感じる部分に下線を引かせることで意識化させ、「わかりにくい」と感じる理由が記述できる場合には記述させる。文字テキストを見ることでテキストの理解が得られる場合は、文字テキストを見ないで再び音声テキストを聞かせ、内容理解の深まりの程度を自覚させる。文字テキストを手がかりにしても「わかりにくい」と感じる場合は、明示的な説明やわかりやすい例を示し、テキストの理解をはかり言語知識の不足を補う。

その後、1回目のリスニングと同じように、文字を見ないで音声を聞かせ理解度を確認させる。

　また、リスニングにおける情報処理の効率を高め、聞き手の自動化した処理を促進するという点（chunk内の情報単位を大きくしていきながらリスニングによる発話理解をはかるということ）に配慮すれば、1回目は文字テキストを見ないでリスニングをし、次に文字テキストを見て、テキストの流れに沿って学習者が内容を意識しながらまとまった意味の情報単位で（最初は語句レベルの小さな単位で始め徐々に情報単位を大きくして）語句や文を区切っていき、その後、意味のまとまりを意識させながら文字テキストを見せてリスニングを行う。さらに、文字テキストを見せてchunkごとの「わかりにくい」と感じる部分に下線を引かせ意識化させる。意識化だけで理解が得られる場合は、次は文字を見せないで音声を聞かせ理解度を確認させる。明示的な説明やわかりやすい例が必要な場合はこれらを示し説明し、同じく文字を見せないで音声を聞かせ最後に理解度を確認させる。

　こうした聞き手の発話理解の状況を意識したリスニングにおける文法指導は、音声テキストと文字テキストの準備さえあればいつでもどの段階でも教室の授業に導入することができる。Authenticなテキストを利用すれば、教室内で実際のコミュニカティブなリスニングを経験する機会を学習者に提供することが可能になる。また、いきなりauthenticなテキストのリスニングから入らずに、リスニング向けの教材を利用して、聞き手の理解レベルにあわせたリスニングと文法指導を行い、教室でのリスニングをauthenticなコミュニケーションを意識したリスニングに方向づける指導も可能である。また、対話のように聞き手と話し手が交代しながらリスニングとスピーキングを行う活動場面では、聞き返しの方略（"Pardon?" "What do you mean...?"など）を使うことで、「わかりにくい」と感じる場合には、聞き手に合わせたリスニングを話し手に求めることができ、曖昧さの解消を図ることができる。そうすることで、聞き手は自分が「わかりにくい」と感じる部分を意識化して理解することができ、実践的なコミュニケーションに沿った文法の学習に学習者の目を向けることができる。与えるテキストや活動は、聞き手の学習経験や年齢、学習レベルに応じて

用意することができる。

　また、他領域の学習場面で取り上げた文法事項が、リスニングでどの程度学習者が困難さを感じるものか、学習困難点についての情報も指導者側にフィードバックされる。本章で取り上げた調査で得られた、聞き手が「わかりにくい」と感じる言語的特性には、リーディングで読み手が「わかりにくい」と感じるものと重なるものも多く含まれている。リスニングで「わかりにくい」と聞き手が感じる言語的特性が、他領域で「わかりにくい」あるいは「使いにくい」と感じる言語的特性とどの程度重複し、またそれぞれの領域でどの程度特徴的に現れるものなのか。実際のコミュニケーション場面での情報処理プロセスに沿った取り上げ方、文法指導への可能性が期待できる。指導者側への学習者からの学習上の情報の蓄積が、コミュニケーション場面での学習者への学習指導上の援助活動や「コミュニカティブな文法指導」を円滑に進める上で効果をあげることも十分予想されることである。

6. おわりに

　これまで文法指導といえば、文型や文法事項の体系的な学習を目的とした指導のことを指し、リスニングという領域のコミュニカティブな特性を考えると、それぞれの指導上の接点を見出すことは容易ではなかった。また、外国語の学習では、リスニングにおける文法は、文法指導の結果であって、リスニングの領域から文法指導を考えることは困難なことのように考えられてきた。事実、母語ではリスニングによるインプットから文法の能力を身につけることが知られているが、外国語の学習では、文法知識の不足をリスニングによる言語情報の入力からだけで補うことは難しい。しかし、現在、文法指導を考えると、その指導観や指導内容、指導方法は、必ずしも体系的な文型や文法事項の理解と解説に固定するものではなく、コミュニケーションの形態にあわせて文法指導を考えることが可能である。本章では、リスニングの理解に即したコミュニケーションのための文法指導について検討した。実際のリスニングの場面では、聞き手が負担に感じる部分が多く存在する。リスニングという活動を通してそうした部分の音声と文法の結びつきを意識し、理解につなげていく文法指導は、テキ

ストの内容理解度を高め、コミュニケーションを円滑に進める上で必要な学習指導のプロセスであるといえる。

（大嶋秀樹）

Ⅰ-3(2) グループワークを取り入た実践

1. はじめに

　リスニング指導は、教えているのではなくテストをしているにすぎないという批判（e.g. Brown 1986; Sheerin 1987）が長い間されてきた。そのほとんどは、教室で教師はテープやＣＤを流し、生徒は予め提示された質問に答え、その後、その解答が正しいか正しくないかを確認するだけでリスニング練習が終わっていることに対する批判である。リスニング指導は、簡単そうに見えて実際はかなり難しいのである。

　これらを改善するために教育現場では、様々な工夫がされてきた。たとえば、プレリスニング活動を充実させ、現実のリスニング場面に近い状況を作ったりすることが挙げられる。また、ポストリスニング活動段階でリスニング技能を構成する個々のサブスキルを高める練習を十分することなどが挙げられる。(e.g. 伊東1993; 柳井1996)

　プレ段階やポスト段階ではなく、リスニング活動段階においてリスニングの過程それ自体に注意を向けさせ、自分のリスニングの過程を考えさせる方法はないかと模索してきた。そして、その一手段として、リスニング練習にグループワークを取り入れることが有効ではないかと考え、実践してきた。

　本章では、グループワークを取り入れたリスニング練習についての実践報告をする。まずグループワークでの生徒の活動の様子について述べる。続いて「リスニングにおける文法指導」を目的とした英問英答の課題を課して行うリスニング練習について報告する。グループワークを取り入れた場合の指導と教師だけの指導では、どのような違いが現れるかを調査結果に基づいて考察し、グループワークの効果について考えたい。

2. グループワークの役割

リスニング練習を、「テスト」ではなく「指導」にするためには、どのような要素が必要であろうか。

柳（1995, 55）は、「材料としての教材の理解を確実にし、また理解に至る過程を学習者に経験させることが必要である」ことを指摘している。また、Field（1997）は、リスニング指導の中での教師の役割として、生徒の理解度を正答の数で判断して終わるのではなく、間違った答えをよく見て、どこから間違いが生じているのかを見つけ、それを正すことを挙げている。また、正答であったとしても、その答えはテキストのすべての語を正しく聞き取って出したものなのか、あるいは、一部を聞き取り、あとは正しく推測して出したものなのかをはっきりと生徒に認識させる必要があることを指摘している。

これらの指摘は、自分のリスニングの過程を自己認識し、自分の理解の仕方を客観的に見る活動が、リスニング練習には必要だということを示唆している。つまり、リスニングの結果のみならず、そのプロセスにもっと注意を払う必要性を示している。したがって、教室で行うリスニング指導に、いわゆる「メタ認知能力」を高める活動を取り入れる必要があろう。

教室で行うリスニング練習にこれらの要素を取り入れ、しかも手軽に継続的に実践できる方法の一つとして、グループワークが有効であろうと考えた。また、課題の与え方を変えることで、聞き取った内容面だけでなく、言語形式にも注意を向けさせることが可能で、「リスニングにおける文法指導」にも適するであろうと考えた。このことは、Ruth（1990）が紹介しているdictoglossというディクテーションの手法がたいへん参考になる。

3. グループワークを取り入れたリスニング練習の手順

実践してきたグループワークを取り入れた聞き取り練習は、
①プレリスニング段階を設け、聞き取り活動の課題を示し、メモを取りながら聞くように指示する。
②英文を2回聞かせる。
③その後、生徒は、どのような文や単語から判断して答えを出したのか

を話し合うグループワークを行う。
④グループワークの後でもう1度英文を聞かせる。そして生徒は、1回目の聞き取り活動で記入した解答を修正する必要がある場合は他の色の鉛筆で書き込む。

という手順である。鉛筆の色を変えさせるのは、自分の聞き取りの過程の変化をわかりやすくするためである。

4．グループワークでの生徒の活動

　グループワークで生徒が行っている活動の様子を知るため、1回目の聞き取り活動の解答とグループワーク後の2回目の聞き取り活動の解答を比較し、どのような変化が現れるか調査した。

4.1　手順

　筆者が勤務する中学校の2年生の1クラス（30人）で実施したリスニング練習の解答を分析し、考察した。聞き取りに用いた材料文（表1）は、生徒が使っている教科書とは異なる出版社の2年生の中から選び、録音テープは教科書準拠のものを用いた。

　生徒に英文を聞かせる前に、プレリスニング段階を設け、材料文の題名と材料文を聞いて答える3つの質問文（表2）を示して注意して聞くべき点を確認させた。その後メモを取りながら聞くように指示し、英文を2回聞かせた。各個人で質問に対する答えを記入した後、4分間、4人で構成したグループで質問に対する答えについて話し合いの時間を設けた。その話し合いは、生徒それぞれが、自分は、聞き取ったどの単語や文から判断して答えを出したのかという内容である。その後、もう一度英文を聞かせ、最初に記入した解答を修正したり、付け加える場合には、最初に使用した鉛筆の色とは異なる色で記入するよう指示した。

（表1）　材料文

One morning a pretty girl was playing the piano. Her father was giving a lesson to her.

He was a famous musician in Austria. His little son was sitting by the piano, too.
They finished the lesson. "May I play the music, Father?" asked the boy. He was only three years old then. "Oh, no. You are too young. It's too difficult for you," answered his father. But the boy did not listen to him.
His father said at last. " All right. Try, then." He began at once.
How well he played! His father said himself, "He may become a great musician."
This boy was Wolfgang Mozart. His father gave him piano lessons after that.
Mozart became a famous musician later.

（表2）　質問文

問1　少女にピアノのレッスンをしていたのはだれですか。
問2　その時、モーツァルトはどこにいましたか。
問3　モーツァルトの父親が、「息子は将来、偉大な音楽家になるかもしれない。」と思ったのはなぜですか。

4.2　結果及び考察

　この文章の概要は、「姉のピアノのレッスンを近くで聞いていたわずか3歳のモーツァルトが、自分もその曲を弾きたいと父親に申し出て、弾かせてみたら上手に弾けた。」という事柄である。生徒が答えた問3の「モーツァルトの父親が、息子は将来、偉大な音楽家になるかもしれないと思ったのはなぜですか。」に正しく答えることができれば、この文章の概要が把握できたといえよう。したがって、この聞き取り練習の目標は、問3の質問に答えられるように英文を正しく聞き取れるということになる。

　1回目の解答とグループワーク後の解答を比較すると、以下のようなことが分かった。

　①上位群のほとんどの生徒は、正しく聞き取りができていたため、自

第3章 リスニングと文法指導（2）

分が聞き取った内容をグループの他の生徒に話すという活動を行い、そのことによって、自分の聞き取り過程を振り返る活動をしていた。

②中位群の生徒は、1文が聞き取れれば解答できる課題はできていたので、話し合いの内容を生かして文と文との関係をつかむことを心掛けて2回目の聞き取り活動を行った。

③下位群の生徒は、1つの単語が聞き取れれば解答できる問題しかできないため、英文全体の内容や注意して聞き取るべき部分を話し合いでグループの他の生徒から教えられ、それを生かして2回目の聞き取り活動を行った。

それぞれの生徒の解答は、以下の（表3）に示してある。尚、学力の上位群から順番に並べてある。

第Ⅰ部 教育実践への提言・報告

(表3)

No.	1回目の聞き取り			2回目の聞き取り		
	1	2	3	1	2	3
1	○	○	3歳だったのに難しいピアノの曲をひいたから。	○	○	3歳だったのに聞いただけでピアノの難しい曲を上手にひいたから。
2	○	○	3歳でピアノを上手にひけたから。	○	○	1回目と同様
3	○	○	たった3歳で難しい曲をひけたから。	○	○	1回目と同様
4	○	○	練習しないのに3歳で難しい曲をひいたから。	○	○	1回目と同様
5	○	○	無答	○	○	3歳でピアノが上手にひけたから。
6	○	○	モーツァルトはまだ小さいのにうまくひいたから。	○	○	モーツァルトはまだ3歳なのにうまくピアノをひいたから。
7	○	○	まだ若いのに難しい曲ができたから。	○	○	まだ幼いのに難しい曲ができたから。
8	○	○	3年もやっていないのに難しい曲をひいたから。	○	○	3歳なのに難しい曲をひいたから。
9	○	×	3歳から音楽をはじめたから。	○	○	3歳なのに難しい曲がひけたから。
10	○	○	難しい曲をひいたから。	○	○	まだ若いのに難しい曲がひけたから。
11	○	×	無答	○	○	難しい曲をひいたから。
12	○	○	無答	○	○	3歳なのにピアノがひけたから。
13	○	○	若いのに音楽の才能があるから。	○	○	3歳のころ難しい曲をひいたから。
14	○	○	ピアノがうまかったから。	○	○	3歳でピアノが上手にひけたから。
15	○	○	難しい曲をすらすらひいたから。	○	○	難しい曲を上手にひいたから。
16	○	○	3歳なのにピアノがひけたから。	○	○	小さいながらも難しい曲をひいてしまったから。
17	○	○	無答	○	○	まだ若いのに難しい曲がひけるから。
18	○	×	無答	○	○	3歳のころ難しい曲をひいたから。
19	○	○	無答	○	○	難しい曲をひいたから。
20	○	×	無答	○	○	まだ幼いのに難しい曲をひいたから。
21	○	×	モーツァルトが作曲したから。	○	○	難しい曲を上手にひいたから。
22	○	○	自分より難しい曲がひけるから。	○	○	まだ若いのに難しい曲がひけたから。
23	○	×	音楽に関してものすごい才能をもっていたから。	○	○	3歳という若さで難しい曲をひいたから。
24	○	○	難しい曲をモーツァルトが歌ってしまったから。	○	○	まだ3歳と幼くて難しい曲をひいたから。
25	○	○	3歳のときからピアノをやっているから。	○	○	3歳にしては難しい曲をひいたから。
26	○	×	楽譜を見てすらすらひいたから。	○	○	3歳なのにうまくピアノがひけたから。
27	○	×	才能を感じ取ったから。	○	○	難しい曲を演奏したから。
28	×	×	無答	○	○	まだ若いのに難しい曲ができるから。
29	○	×	無答	○	×	無答
30	○	×	無答	○	○	3歳でピアノを上手にひいたから。

第3章　リスニングと文法指導（2）

5. グループワークが聞き取り活動に与える影響

　グループワークが生徒の聞き取り活動に与える影響を更に詳しく知るために、グループワークを取り入れた場合と教師だけの指導とでは、生徒の聞き取り活動にどのような違いが現れるかを調べる必要がある。そこで、「リスニングにおける文法指導」を目的とした英問英答の課題をグループワークを取り入れて取り組んだ集団と教師の解説のみを受けた集団が、その後、別の英問英答の発展課題に取りくんだ場合、その解答にどのような違いが現れるか調査し、グループワークの影響を更に詳しく考察した。

5.1　手順

　筆者が勤務する中学校で同じ教師に指導を受けている3年生の中から、pre-test（リスニングテストを含む5回のテスト）結果を基に42人で構成した等質の2集団を設定し、一方を実験群、他方を統制群とした。

　統制群は、課題1に答えるため、2回テープを聞き、その後、教師がなぜそのような答えになるのか解説しながら答え合わせをした。その後、もう1度同じテープを聞き、課題2に答えた。

　一方、実験群は、課題1に答えるため、テープを1回聞き、その後、その課題の解答について4人で構成されたグループで4分間の話し合い活動を行い、もう1度テープを聞いて解答を完成させた。そして、正答の確認のみを行った。その後、もう1度テープを聞き、課題2に答えた。実験群がグループワークを行うのに対して、統制群は教師の解説を受けた。課題1は3問で、発話の局所的な部分を問う問題であり、解答も簡単な言語形式で答えられるものである。一方、課題2は、4問で発話の包括的な内容を問う問題も含まれ、解答も複雑な言語形式を用いて答える発展問題である。

　統制群と実験群の聞き取り活動を図式化すると以下のようになる。
　《統制群》
　　プレリスニング活動　→　2回テープを聞く、課題1に答える　→　教師の解説と解答の確認　→1回テープを聞く、課題2に答える
　《実験群》

プレリスニング活動　→　1回テープを聞く、グループワークを行う、もう1度テープを聞く、課題1に答える→　解答の確認　→　1回テープを聞く、課題2に答える

聞き取り活動に用いた材料文は、3年生の聞き取り練習用の問題集（過去の高等学校入試問題）から選び、録音テープはその準拠のものを用いた。

両群ともテープを聞かせる前にプレリスニング段階を設け、聞きながら答える課題を示し、メモを取りながら聞くように指示した。課題2は、両群とも課題1が終了した後で示した。したがって実験群、統制群ともにグループワークを行っている時点では示されていない。聞かせた材料文と課題1、課題2の内容は、以下の（表4）と（表5）に示す通りである。

（表4）　材料文

Last summer Mika went to England to visit her friend Masao. He studies at a school in Lancaster. Lancaster is a beautiful old city in the north of England. Through the window of the train for Lancaster, she saw many sheep and cows on the large green field. Some were walking around and some were sleeping. It was just like a beautiful picture. English people love flowers very much. Many people have flower gardens in front of their houses. They have no walls around their gardens, so she could see the beautiful flowers when she walked along the road. She also found that English people love old things. One day she visited Masao's teacher Mr.Taylor. His house was built 200 years ago. She didn't like the house because it was too old and dark. But Mr.Taylor loves it because it has a long history. He told the history of his house to Mika. Mika loved this beautiful old city. She wants to visit Lancaster again some day.

（表5）　問題文

課題1

問1　When did Mika go to England?

問2　Is Lancaster a city in the north of England?

問3　Do English people love flowers?
課題2
問1　Do English people love old things?
問2　When was Mr. Taylor's house built?
問3　Why does Mr. Taylor love his house?
問4　Why does Mika want to visit Lancaster again?

5.2　結果及び考察

　課題2（問1、問2、問3、問4の合計）の実験群と統制群の正答率は、（表6）に示す通りとなった。

（表6）

	実験群42人	統制群42人	x^2検定
正答率	58.3%	45.8%	＊5.26

＊P<.05

　課題2（問1、問2、問3、問4の合計）の実験群と統制群の学力群別の正答率は、（表7）に示す通りとなった。

（表7）

	実験群	統制群	x^2検定
上位群（14人）	89.3%	87.5%	0.08 ns
中位群（14人）	66.1%	41.1%	＊7.03 ns
下位群（14人）	19.6%	8.9%	2.63 ns

＊P<.05

　課題2の各問ごとの正答率は、（表8）に示す通りとなった。

(表8)

	実験群（42人）	統制群（42人）	x^2検定
問1	83.3% (35人)	64.3% (27人)	＊3.94 ns
問2	69.0% (29人)	54.8% (23人)	1.83 ns
問3	40.5% (17人)	33.3% (14人)	0.46 ns
問4	40.5% (17人)	30.9% (13人)	0.83 ns

＊P<.05

　課題1を解決する際にグループワークを行った実験群と教師の解説を受けた統制群が、その後に行った課題2の合計の正答率は、（表6）に示した通り、5％水準のx^2検定で有意差が認められた。このことは、段階を設けて行うリスニング練習の最初の段階でグループワークを行うことは、教師だけの解説よりも何らかのよい効果を与えるということを示している。

　グループワーク中の生徒の会話を聞いていると、課題に対する答えを「どの時制で答えるべきか」、「主語を単数形、複数形のどちらで答えるべきか」ということが中心であった。これらの話し合いが次の発展課題に取り組む際に役立ったと思われる。つまり、話し合いでは、文法的な知識をお互いに出し合い正確な文を作ろうと努力し、そのことが次の発展課題に取り組む際に、文法的に正確な文を用いて答えようという意識を高めたのであろう。

　学力群別にこの結果を分析すると、（表7）で示したとおり、中位群に5％水準で有意差が認められ、続いて下位群にかなり影響が見られ、上位群に対してはほとんど影響を与えていないことがわかる。したがって、今回の調査に用いた教材では、グループワークは中位群に最も効果的であり下位群にも影響を与えていたことを示している。

　問い別の正答率を比較すると、（表8）に示した通り、問1に5％水準で有意差が認められた。これは詳しく調べた結果、下位群の正答率が著しく向上したためであった。その他は有意差は認められないものの、問2、問4、問3の順に正答率に差が現れていた。

　問1は、発話中の1文を聞き取り、その答えも、YesかNoで答える難

度の低い問題である。問2は、発話中の1文が聞き取れ、その答えも2語で答えれば正答できる問1に続いて難度の低い問題である。一方、問3、問4は、発話中のいくつかの文を総合して理解し、その答えも文として形を整え、理由を明確にして答える問題である。つまり、発話の意味内容のみならず、言語形式にも十分注意して答えなければならない難度の高い問題である。

　このことを情報処理技能の観点から考えると、問1、問2は、ボトム・アップ処理の技能で対処できる問題であるが、問3、問4は、トップ・ダウン処理がうまく機能しないと対処できない問題であり、言語形式にも注意を向け、文法知識がないと正答できないということになる。

　上位群は、トップ・ダウン、ボトム・アップの両技能に優れており、グループワークを行っても教師の解説だけでもあまり影響なく正答できたと思われる。その結果、実験群と統制群の間に違いが見られなかったのであろう。

　実験群の中位群は、グループワークを行うことにより問4の正答率が統制群より著しく向上していた。トップ・ダウン処理技能が機能しやすくなったと考えられる。また、言語形式にもより注意を向けるようになったと思われる。

　下位群は、グループワークを行うことによりボトム・アップ処理技能が機能しやすくなり、問1の正答率が向上したと考えられる。しかし、問3、問4のようなトップ・ダウン処理能力を必要とする問題に対してはグループワークの効果は見られなかった。1文の意味を聞き取る練習や文と文の関係をつかむ基礎的な練習を十分する必要があろう。

6. まとめ

　リスニング練習にグループワークを取り入れた実践について考察してきた。リスニングの結果のみならずその過程に生徒の注意を向けさせることをねらった。

　実践してきたグループワークを取り入れたリスニング練習の課題（タスク）は、日本語の質問に日本語で答えるもの、英語の質問に英語で答えるものがある。課題の与え方で様々な指導が可能である。

今回の資料で示した英問英答を課題とするリスニング練習においては、課題1（発話の局所的な部分を問う問題）でグループワークを取り入れた場合、教師の解説を受けるよりも続いて行う課題2（発話の概要に関する問題も含む）の正答率がやや向上する傾向が伺えた。特に学力の中位群において、意味内容と言語形式の両方に注意を向ける必要のある課題に効果があり、下位群においてもYes, Noで解答する簡単な課題に効果が見られた。

近年の第2言語習得研究(e.g. Doughty, C. and E.Varela 1998)は、言語活動において意味に焦点を当てて活動させると同時に言語形式にも注意を向けさせる必要があることを示している。リスニング練習にグループワークを取り入れることで、この点に関しても対処できるように思える。英問英答の課題を課した場合、意味内容のみならず言語形式にも生徒は注意を向けて聞き取り活動を行うのである。

7. 今後の課題

グループワークを取り入れた実践について考えてきたが、この活動をする際、グループの作り方、グループの活動の仕方の指導が重要な要素となる。充実したグループ活動を行うためには、しっかりとしたグループ編成と指導をしなければならない。中村、廣瀬(1998)は、機能するグループの要因として、「民主的なリーダーの存在」、「班員が目標機能を発揮して班の中で自分の立場をわきまえ協力して学習活動をすること」、「英語が苦手な友達に教えたりする態度」を挙げている。英語学習の指導と同時に、活動の仕方、グループの編成の仕方も充分考えなければならない。また、課題の難易度によって影響を受ける生徒の学力群は変化することが予想される。そして何よりもグループワークを取り入れた練習を継続することでどのような技能が定着していくのか調査する必要もある。今までの実践を振り返ると、グループワークを取り入れることで聞き取り練習に変化をもたせることができ、また学習意欲面でもよい影響があるように感じる。

（岩本藤男）

Ⅰ-4　スピーキングと文法指導

1. はじめに

　高等学校の英語授業に「オーラル・コミュニケーション」が導入されて10年以上が経過した。生徒のコミュニケーション能力育成を目標に、熱心にコミュニカティブな授業を実践した教師もいる反面、「オーラル・コミュニケーションG (rammar)」などと称して、実際には文法中心の授業を行っている教師も少なくないだろう。また、あまりに「コミュニケーション能力の育成」を強調しすぎたために、生徒の文法力が落ちたのではという懸念の声も聞かれる。このような現状は、「文法指導」と「コミュニケーション能力の育成」が別ものであるという考えを持っている教師が少なくないということに帰するところが大きいと思われる。つまりそれは、両者が二律背反的なものであり、前者の目標を達成しようとすると後者がおろそかになり、後者を重視すれば前者は無視せざるをえないという考え方である。

　しかし、文法能力はコミュニケーション能力の一部である[1](Canale, 1983 など) ことは、広く一般に受け入れられていることであり、「文法指導」と「コミュニケーション能力育成」は異質のものではないと考えることができる。

　したがって、教師は、これまでの文法指導を排除するのではなく、その指導内容や方法を変更したり修正したりしながらコミュニケーションを可能にするための文法指導を再考することが求められている。では生徒に対して、文法指導とコミュニケーション能力の育成を同時に効果的に行う授業展開はどうあるべきだろうか。

　ここでは、スピーキング活動に焦点をあて、コミュニケーション能力育成と文法事項の定着を両立させられるような授業実践を提案し、その成果

の一部を報告する。

2. 実践の背景

　新高等学校学習指導要領(1999)の「英語Ⅰ」「英語Ⅱ」「オーラル・コミュニケーションⅠ」の言語活動の取り扱いの中で、新しく「コミュニケーション活動に必要となる基本的な文型や文法事項などを理解し、実際に活用すること」が加えられた。これは、授業でコミュニケーション活動に終始するのではなく、基本的な文法事項もきちんと定着させておかねばならないことを強調していると言える。

　また、高等学校で一般に使用される副教材の文法参考書においても、近年、単なる文法事項の解説にとどまらず、コミュニケーション活動を意識したページが設けられているものが出版されている（筆者の手元にある30種類の文法参考書のうち、コミュニケーションのページ(あるいはコーナー)を設定しているものは8種類ある）。

　このようなことから、文法指導とコミュニケーション活動とはもはや相反するものではなく、両者をうまく相補的に組み合わせて授業を構成する工夫が必要であると言える。

3. 文法重視の指導とコミュニケーション重視の指導

　言語習得という大目標を達成するためには、文法重視の指導とコミュニケーション重視の指導のどちらがよいだろうか。学習者の意識を意図的に文法に向けさせると言語習得の速度を速めるなどの効果があり、逆にコミュニケーションを重視すると言語使用の流暢さが促進されるなどの効果があると考えられている(Ellis, 1990など) が、どちらにも一長一短はある。大下(2001)は、どちらか片一方だけを行っても言語習得は達成されず、両方の指導がバランスよく行われることが必要であると指摘している。

　近年の日本の英語教育では、コミュニケーション重視がトレンドのようであり、授業においては少々の誤りは無視し、言語使用の流暢さを重視している感は否めない。そのため、もっと言語形式にも注意を払うような指導が見直されてきている。実際に、文法指導を受けた学習者は、受けなかった学習者と比較すると、早く言語形式を習得し、その結果、コミュニケ

ーション能力においてもより早くネイティブ・スピーカーに近づくという報告もある(Doughty & Williams, 1998など)。

　また、Schmidt(1990) の研究では、言語形式の指導はコミュニケーションの中で行う方が言語習得に効果的であり、中でも気づき(noticing^2)を促すことが有効であると指摘している。したがって、教師は積極的に気づきを促すために、単なる文法事項の説明にとどまるのではなく、口頭による反復練習やコミュニケーション活動がしやすい課題を与えるなど工夫する必要があると言える。

4. 学習（授業展開）のモデル

　では、文法指導とコミュニケーション指導を統合・融合させた授業の展開はどのようなものが効果的だろうか。ここで、いくつかの学習モデルを概観する。　大下(2001)は、コミュニケーション能力養成のための授業として、次の2つを提案し、初級学習者にはⅠ型が、中・上級学習者にはⅡ型が有効であると述べている。

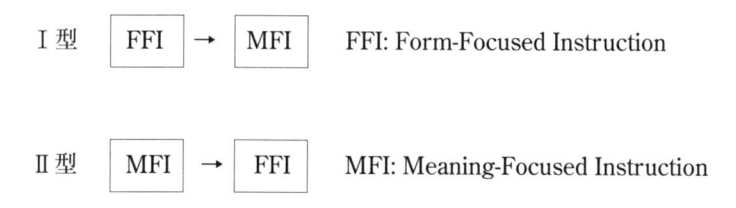

Ⅰ型　　FFI　→　MFI　　　FFI: Form-Focused Instruction

Ⅱ型　　MFI　→　FFI　　　MFI: Meaning-Focused Instruction

　また、斎藤(1998)は、生徒の学習を指導する際の座標軸になるようなものとして、次のような学習モデルを提示している。

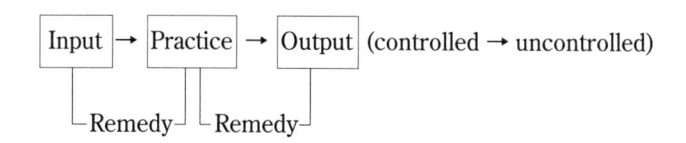

Input → Practice → Output (controlled → uncontrolled)
　　└─Remedy─┘└─Remedy─┘

　高島(2000)は、教室における活動を、それぞれにはっきりした区別がないとしながらも、次の4つに区分している。右側に行くにつれて、形態重

視からメッセージの内容重視へと意識が変化している。

Drill → Exercise → Communication Activity → Task Activity
(more code-focused)   (more message-focused)

Lado(1988)は、言語習得には次の3要素が不可欠とし、さらに、田鍋(2000)は、LearningとAssimilationがなくてはFacilityの達成は不可能であると述べている。

| Learning（理解） | → | Assmilation（定着） | → | Facility（運用） |

Thornbury(1999)は、言語授業の全体の流れにうまく文法指導を調和させるためには、以下のようなモデルが標準的であると述べている。

| Presentation（提示） | → | Practice（練習） | → | Production（発表） |

岡(1994)は、スピーキングを目指した授業の指導展開において、次のような段階による活動が大切であると述べている。

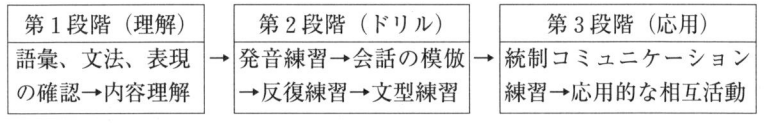

第1段階（理解）	第2段階（ドリル）	第3段階（応用）
語彙、文法、表現の確認→内容理解	発音練習→会話の模倣→反復練習→文型練習	統制コミュニケーション練習→応用的な相互活動

上に示したいずれのモデルも、初級英語学習者においては、言語習得にはInput → Intake → Outputの展開が標準的であることを示している。

5. 実際の授業展開例

インプット、インテイク、アウトプットを具体的にどのように展開すれば効果的な授業ができるだろうか。ここでは、未来時表現の指導を例にとり、文法指導とスピーキング活動の融合を試みた授業展開例を示す。

（1）文法項目の説明（Input）～約10分

ここでは、未来時表現の be going to、will、will be -ingのそれぞれの使

い方を、例文を提示して説明する。

a) You have a lot of bags. I'<u>ll</u> carry some for you.
b) Why is Tom wearing an apron?
 –He'<u>s going to</u> cook lunch for us.
c) What <u>will</u> you <u>be doing</u> in the summer of 2010?

さらに、練習問題で、用法の違いを確認する。
( )内の語を（未来時表現を用いて）適当な形に直しなさい。

ア) I'm tired. I (have) a rest.
イ) It (snow) when you get to Hokkaido.
ウ) I'm not ready yet. OK, I (wait).
エ) She's studying hard. She (take) a difficult exam.
オ) Oh, you bought a new watch?–Yes, I (give) it to Tom.
カ) About this time tomorrow we (swim) in Beppu.
キ) It's very cold. It (snow).

（2）スピーキング練習(Intake)～約15分
①表現練習
ペアを作り、次に示すようなダイアログを口頭練習する。

A: Tom and I are going to visit Yufuin Art Museum tomorrow. Won't you join us?
B: That sounds interesting.　How are you going there?
A: We're going by train.
B: What time are you going to leave Oita Station?
A: Let's see. I'll check it. ... Oh, we'll take the 7:30 train for Yufuin. Then we'll meet you at the station.
B: I see. I'll be waiting for you tomorrow morning. Bye.

シャドーイングで、一方が読み、もう一方が追いかけるという練習もできる。LL教室があれば、一斉にシャドーイングができ、あとで自分の声を聞くこともできる。

②暗唱
ダイアログを暗唱し、いくつかのペアに発表してもらう。

（3）スピーキング活動(Output)〜約25分
　ここでは、インフォメーションギャップ・タスク（資料1）による活動例を示す。これは対話者の情報にギャップを作り、その生じたギャップを埋めるために情報交換を行い、課題を解決する活動である。太田垣(1994)は、疑似コミュニケーション活動でない、真のコミュニケーション活動の要件として「新情報・メッセージの存在、インターラクション、必要性・自発性、即興性、現実可能性・容認性」の5つを挙げているが、この活動はほぼこの5つの要件を満たしていると考えられる。

（4）実施上の留意点
　次に、これまで示した「文法項目の説明→スピーキング練習→スピーキング活動」という一連の授業過程の中で、留意すべき点を挙げる。
①文法項目の説明を最小限度にとどめ、コミュニケーション・プラクティスやコミュニケーション・アクティビティの時間が十分にとれるように配慮する。場合によっては、次の時間にまとめてコミュニケーション・アクティビティを実施してもよいだろう。
②スピーキングの評価をきちんとする。定期考査なども含めて評価といえばどうしても paper and pencil テストになってしまいがちなので、performance の部分を評価する（ＬＬ教室やビデオの利用なども含めて）。
③生徒はテストに敏感なので、スピーキングの評価において、何をどのように評価するかという評価項目や内容をあらかじめ生徒に知らせておく。
④生徒中心の授業はよいが、同じパターンの活動では生徒はその活動に慣れてしまい、真剣さが薄れ、活動が軽視されてしまうので、豊富な種類の活動を用意する必要がある。（インフォメーション・ギャップばかりでは飽く。）

⑤可能な範囲内で、コメントをしたり誤りを訂正したりする。教師が何の介入もせずに単なる進行役では、教師が存在する意味がない。
⑥授業中は、教師も生徒も積極的に英語を使用する。

(5) その他のスピーキング活動
①(条件付)30秒間即興スピーチ
　5～6人のグループを作り、各グループでサイコロを1つ準備する。教師は大きめのサイコロを1つ準備する。まず、グループ内で生徒が順にサイコロをふり、出た目の数の題目で即興スピーチをする。スピーチの題目はあらかじめ黒板に、例えば、1)What do you want to be in the future? 2)Please tell me a story which makes us laugh. …や仮定法過去の単元であれば、If you were 1)Doraemon 2)Superman 3)a millionaire 4)a famous actor/actress…のように書いておく。「学習した文法項目(例えば目的を表す不定詞など)を必ず含むこと」という条件をつけ、どこかにその文法項目を使用した英文を入れなければならないようにすると、文法の復習を意識したものになる。発表のあと、発表者は聞き手が内容を理解できたかどうかを他の生徒に確認したり、質問を受けたりする。最後に、くじで当たった幸運？な生徒は全員の前で、グループで練習したものと同様に即興でスピーチを行う。また、発表を一人ずつビデオに録画すると、教師はあとで内容に関してのコメントを与えたり、誤りを訂正したりなどのフィードバックができるという利点がある。

②Show & Tell
　5～6人のグループを作る。グループごとに、身の回りのもの(消しゴム、鉛筆、辞書、缶ジュースなど)を集め、適当な袋(かばん)に入れる。発表者でない生徒が1つずつ取り出し、発表者はそれは何のためにどのように使用するのかという説明をする。最後に、各グループの代表者が、全員の前でデモンストレーションを行う。

例) Oh, this is a canned coffee.　This is my coffee. I like this very much. When I am hungry, ah…no, when I am … sleepy, I drink coffee every time, yes always.　And … this is very sweet, so it is very good when I am tired. Do you like coffee, Shuhei?　By the way, Krista(ALT), do you have canned

coffee in England? I don't know. Please tell me. Thank you.
聴衆はただ聞くだけでなく、相互評価表に評価を記入する。

③オーラル・インタビュー
ペアを作り、一方が面接する人、もう一方が面接を受ける人になって、ロール・プレイを行う。面接する人は面接を受ける人の答えに応じて、できるだけ会話（問答）が長く続くように次々に質問をし続ける。途切れたら交代し、これを交互に練習する。

例）A: What did you do yesterday afternoon?
　　B: I studied at school from one to four p.m.
　　A: What did you study?
　　B: I studied English, of course.
　　A: Why did you study English?
　　B: Because I want to go to England to study gardening.
　　A: Have you ever been to England?
　　B: No.
　　A: Oh, gardening! What is it?
　　B: It is a job to make gardens beautiful. My father is a Japanese professional gardener.
　　A: Do you want to be a professional gardener?
　　B: ...

6．調査
文法指導の中にスピーキング活動を取り入れた授業が、従来の文法の説明やドリルによる授業と比較して、どのような効果があるのかをみるために次のような実験を行った。

（1）被験者
本研究の被験者は、公立高校普通科2年生28名である。まず、被験者に、基礎的な文法テスト（100点満点）を実施した。このテストの結果に基づき、さらに生徒の英語学習に対する意欲やスピーキング活動に対する

意欲(事前に調査をした)が均等になるように配慮し、生徒を14名ずつの二つのグループに分け、一方を実験群、他方を統制群とした。統制群の生徒の平均得点は53.1点(標準偏差17.64)、実験群は54.0点(標準偏差16.95)であった。また、二つの群の平均に有意差があるかを検定(t検定)したところ、t=1.15で、5％水準で有意差はなかった。被験者の多くは英語が苦手で、全体としての英語力はあまり高くない。しかし、英語学習に対しては意欲的である。

(2) 内容(授業の展開)
　調査では、次のような構成で授業を実施した。

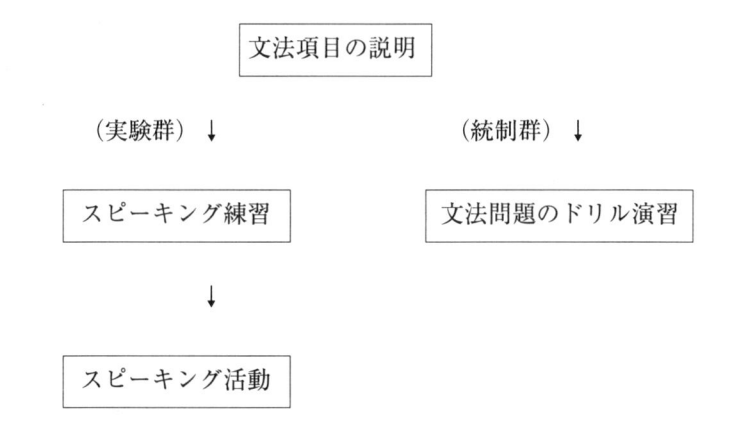

```
                    ┌──────────────┐
                    │ 文法項目の説明 │
                    └──────────────┘
         (実験群) ↓                    (統制群) ↓
    ┌──────────────┐            ┌──────────────────┐
    │ スピーキング練習 │            │ 文法問題のドリル演習 │
    └──────────────┘            └──────────────────┘
              ↓
    ┌──────────────┐
    │ スピーキング活動 │
    └──────────────┘
```

　授業はすべて、日本人英語教師(JTE)と外国語指導助手(ALT)との協同授業で行った。文法項目の説明は全員共通の内容で、その後二つに分かれ、ALTとJTEが統制群と実験群を交互に指導した。

(3) 実施期間
　本調査は高校2年次の3学期(約3カ月間)に行われた。この形式の授業は、週5時間の英語Ⅱの授業のうち、基本的に3時間をあて、合計18時間実施した。それ以外の授業は、全員同じ内容の授業を実施した。

（4）調査の方法

　まず、文法指導において、スピーキング活動が有効であるか否かをみるために、これまで学習した内容の範囲で文法テストを実施した。内容は、多肢選択問題、誤りを訂正する問題、空所補充問題であった（100点満点）。その後、語句整序問題、和文英訳問題の作文テストを実施した（100点満点）。

7．結果と考察
（1）事後文法テストの結果

（表1）

	統制群	実験群	
平均点	71.6	70.9	t=0.56
標準偏差	17.4	20.3	

（2）事後作文テストの結果

（表2）

	統制群	実験群	
平均点	50.3	58.3	t=3.40**
標準偏差	19.5	24.9	(*p<.05 **p<.01)

（3）考察

　今回の調査は、被験者数が少ないことや実施期間が短いことなどから事例研究の域を出るものではないが、文法の定着を目指す上でのスピーキング活動の効果に関していくつかのことが明らかになった。

　まず、事後文法テストにおける統制群と実験群の結果から、文法の形式面に関する理解度には有意差は認められなかった。つまり、スピーキング活動が文法事項の定着を促進するとは言えないまでも、少なくともスピーキング活動に十分な時間をとっても、文法のドリルや演習で得られるのと同レベルの文法理解力は得られるということである。ただこれは、文法テストの内容や量、難易度によって結果が多少変わることも考えられる。また、今回のテストは授業実践の終了直後に実施したため差が出にくかった

のかもしれない。ある程度の時間をおいて、follow-upテストを行う必要があるだろう（遅延効果）。

　事後作文テストでは、語句整序問題と和文英訳問題を出題した。和文英訳は「文法事項を的確に理解させるための効果的な方法である」（松井,1993）ので、そのテストにより文法事項の理解度をある程度まで測ることができると言えよう。その結果、統制群と実験群の平均点に 8/100点の差がついた。t検定では1％水準で有意差が認められた。この結果から、スピーキング活動は、語句整序と和文英訳において、文法の説明中心の授業より効果があると言えるだろう。

8. おわりに

　本稿では、英語授業において、スピーキング活動によるコミュニケーション能力育成と文法力養成を両立させることはできないだろうかという視点から、従来の文法説明を中心とした授業とスピーキング活動を中心とした授業の比較をし、スピーキング活動を盛り込んだ授業の効果について検討を試みた。スピーキング活動は文法指導に確実に有効であるという結果は出なかったものの、語句整序や和文英訳といった文を並べたり作ったりする場合においては効果的であることがわかった。今回の調査の対象となった生徒は、これまで学習した英語の習熟度が低かったので、習熟度の高い生徒では同じ結果が得られただろうか、あるいは、対象とする生徒がもっと多かったら同じ結果が得られただろうか、などまだ疑問の余地は残っている。また、授業において、インフォメーションレベルのスピーキング活動が、果たしてどれほど生徒の学習意欲を高めたであろうか。その意味では、今後もっとオーセンティックな、実践的なスピーキング活動(information-gap task→opinion-gap task→reasoning-gap task など）を工夫しなければならないだろう。

　評価に関しては、従来の文法規則の学習に焦点をあてた授業では、教師が「これは以前に出た」や「これは分かるはず」などと言いながら、生徒が答えられることを前提としている部分があったが（自省をこめて）、スピーキング活動の評価では相対評価より絶対評価を重視し、できたこと

に対する評価（褒めるなど）が必要である。それは、「話せた、通じた」という自信や喜びを与えることになり、同時に次の学習への動機づけにもなるからである。

　実践的コミュニケーション能力を育成しなければならない今こそ、文法の学習とコミュニケーション活動はバランスよく行うと効果的である（Harmer,1991）ことを認識し、教師は積極的に生徒の発表する場を提供しながら、授業にもっとスピーキング活動を取り入れてほしいと願うものである。

《注》
　*1)communicative competence
communicative competenceの定義やとらえ方にはいくつかの理論があるが、Canale(1983)は、コミュニケーション能力(communicative competence)とは、文法能力(grammatical competence)、社会言語学的能力(sociolinguistic competence)、談話能力(discourse competence)、方略的能力(strategic competence)の4つの下位能力から構成されると定義している。

　*2)noticing（気づき）
目標言語の形式的特徴とそれが表わす意味・機能との関連に学習者が意識的に気づくこと。「気づき」が起こるためには、文法を重視した指導を個別に行うだけではなく、意味重視、コミュニケーション重視の言語活動の中に、学習者の意識を言語形式に向けさせる指導を組み込むことが重要である。

（麻生雄治）

Ⅰ-5(1)　音声と文法指導

1. はじめに

　英語を言語としてとらえるとき、4つの技能を総合的に伸ばすことが必要である。英語の4技能〔Listening, Speaking, Reading, Writing〕のうち書く力以外の3つの技能において音声指導をする必要がある。これまで、単語レベルでの音声指導は行われてきた。しかしながら、文レベルでの発音指導はその指導の仕方において一般的な手順が提示されにくいという点で、その実践例は少なかった。

　発音・文法・語彙と3つの分野に分けて英語を考えると、文法・語彙に生徒が割く時間は多いが発音に費やす時間は比較的少ないのが本校の実態である。そこで、単語レベルから文レベルさらには談話レベルでの発音指導を実施し、英語の3つの技能を向上させる取り組みについて考察していく。

2. 生徒のつまずき

　発音について生徒が抱えている困難点は、大きく3つに整理される。
　①　発音記号が読めない。
　②　単語のストレスの位置が分からない。
　③　英文を英語のリズム・イントネーションで発音できない。

　①と②は、単語レベルの問題だが、③は文あるいは談話レベルの発音の仕方が問題になっている。英語の構文を理解しないで単語の意味をいくら覚えても英文の内容が100％理解できないのと同様に、個々の単語の発音だけを身につける努力をしただけでは英文のリズム・イントネーションは身につかない。

　A: Hi, how are you?

B: Fine, thank you. And you?

　上の対話文を例に見てみよう。Aの発話ではareにストレスが置かれるが、Bの発話ではyouにストレスが置かれる。さらに、Bの発話ではイントネーションが上昇調子で発音される。どうしてそのようになるかの説明はこれまであまりされず、学習者はただ教師が発音する通りに繰り返し発音してリズム・イントネーションを覚えてきた。しかし、そこに談話文法の視点が加わると何故areやyouにストレスが置かれるのかが容易に理解できる。

2.1　発音記号が読めない

　発音記号が読めない、という生徒は意外と多い。単語の発音は個人によって、また文脈によって微妙に変化する。単語を正確に発音記号で表記することはできない。例えば、日本語を母語として発音する人にとって発音記号は不要だ。この場合、言語を音によって理解しているので文字と音の関係を後で築く必要がないのだ。日本人学習者が外国語である英語を学習するとき、音を中心にせず、文字を中心にしていると、英文をどう発音してよいか分からなくなる。さらに、英語には日本語にない発音が存在するため、それらの発音を習得する訓練を日本人学習者は積む必要が出てくる。

2.2　ストレスの位置が分からない

　ストレスの位置が分からないという生徒をどう指導すればよいか。日本語の単語は、どの音節も同じ強さで発音するためストレスの位置が単語のどこにあるかを考える手間はいらない。それに反し、英語は全ての単語に1箇所、第1強勢があるのでその位置を意識し、さらにそれ以外の部分にストレスを置かないように発音しなければならない。あるものの中から何かを減らすのは容易だが、ないところに何かを付け加えるには継続した努力が要求される。以下に発音モデルを示しておく。

　(a)　ha‐na‐bi　● ● ●
　(b)　firework　● ・

2.3 文レベルのつまずき

　単語のどの位置にストレスが来るかを理解した次の段階が文のレベルでの発音を習得することである。単語の中に強く発音する個所と弱く発音する個所があるのと同様に、英文の中にも強く発音する個所と弱く発音する個所がある。しかも、そのパターンは一定の規則に従って発話される。しかし、これらの法則を知らないで英語を学習している生徒は意外と多い。また、意味のまとまりで、音は切れるということを軽視して音読したり、発音したりする生徒も多い。

(1) I know what you mean.　　・　●　・・　●
(2) Nowadays, / more Japanese soccer players / are joining / teams abroad. 〔/ は音読の際、区切って読める個所を示している〕

　日本語でも同様のことが言えるわけで、意味の切れ目で発音も切れる。例えば、「それは／ちがうと／おもう」を「それ／はちが／うとおもう」と読んでも日本語の意味は通じない。

3. 音声指導と文法指導

　発音と文法は独立していてお互いの関係は薄いと生徒は思っているようだが、実際にはそれらは密接に関係しており、文脈の中で生き生きと繋がっている。特にストレスと文法は法則性が分かりやすく指導しやすい。

(a) 単語レベルでの発音指導
(b) 文レベルでの発音指導

3.1 単語レベルでの音声指導

　生徒が抱える問題のうち、発音記号が読めない、単語のストレスの位置が分からないというのは、解決が比較的容易な問題である。というのは、それらが文脈を考えずにその単語レベルで処理ができるからだ。

3.1.1 発音記号が読めない生徒への指導

　desk, school, sleep などが発音できない生徒はいないだろう。彼らは無意識で英語の単語の発音ができる。しかし、英語と日本語は異なる発音をするのだという発想がないために、自分の発音に自信がなく、それが英語

の発音だという確信がもてない。

(3) desk, school, nice, sleep
(4) デスク、スクール、ナイス、スリープ

(3) と (4) のグループでは、明らかに発音が違う。①ストレスの有無②閉音節か開音節か③音節の数という3点において違いがあるという視点で指導することが大切だ。

(3a) deskは、母音eの部分にストレスがくる。音節は閉音節なので最後が子音で終わる。音節の数は1つだ。
(4a) デスク(日本語の発音)は、デ・ス・クの3つを同じ強さで発音する。デェ・スゥ・クゥのようにすべての音に母音が入る。母音が3箇所入るために音節の数は3つになる。

日本語では、すべての文字が1つの音節を形成している。そのため日本語から英語のストレスをする発想でいくと、どの音にストレスを置いて発音してもよいと誤解してしまう。Mr. Smithのスミスを「スミスさん」ではなく、「スミスさん」と言う人が多いのはこれが原因だ。ストレスは母音にしか来ない、という法則を身に付けることがいかに難しいかは日本語の音体系が開音節で、英語のそれが閉音節からきていることを意識していないことが原因だと考えられる。

発音記号が読めない生徒は、発音記号から英語を発音しようとしているところに問題がある。というのは、最初に発音記号が存在したのではなく、最初はある発音をもった単語(言葉)が存在した訳だ。その単語が文脈の中で意味をもってきて、それが言語となった。従って、単語がこう聞こえてくるが、一体それはどう表記されているのだろうか、と思い発音記号を調べてみる。するとschool（学校）、light（明かり）という意味を表す単語はそれぞれ[sku:l]、[láit]と表記されている。しかし、同じ l（エル）の発音でもschoolの[l]とlightの[l]は発音が違うことに気づくはずだ。つまり、発音記号が同じでも実際の発話では同じ発音にならないということに気がつくことが大切なのである。

3.1.2　ストレスの位置が分からない生徒への指導

ストレスの位置が分からない生徒は、英語を文字中心に学習する習慣が

ついており、自分から発音をする経験が極めて少ない生徒だと言うことがその背景にある。そのような生徒には、自分から発話させる経験を積ませればよい。本文の音読を一文ずつ練習させた後、段落の音読を練習させる。そして、その集大成としてShow & Tellを授業でやってみる。自分の大事な物を教室に持ってきて(または教室に既にある物を使って)英語で説明する活動をさせる。そうすれば、人前で発音せざるを得なくなり、日本語式の発音が不自然なことに気づく。それまでストレスの位置を意識しなかった生徒が実際の発話では適切な個所にストレスを置くことが英語の発話に必要だということを徐々に認識してくる。

3.1.3 カタカナ表記の落とし穴

単語の読み方を示すためにカタカナ表記を使っている辞書がある。全く英単語を発音できない生徒がそれをどう読むか、大まかに示すヒントとして一部の生徒には役立っている。しかし、私はこのカタカナ表記には問題点が多く含まれていると指摘したい。それは、英語を日本語で読むという点自体に問題があるからだ。一度、日本語の読み方で良いと意識した学習者から、その意識を取り除くには何年も時間がかかる。部活動を指導した先生方は理解できると思うが、間違ったフォーム、間違った考え方・意識で練習した生徒はその矯正に多くのエネルギーを費やす。一度、カタカナ英語の発音を良しとして発音を始めた人は、最初からnatural Englishの発音で学習を始めた人と比べて、英語らしい発音を習得するのにより長い期間を必要とする。つまり、最初から英語らしい発音をまねることの方が英語の発音を早く習得できるのだ。

3.2 文レベルの音声指導

発音指導において、単語レベルの発音はよく行われているが、文レベルでの指導はあまりなされていない。本実践では、文レベルのストレス指導を5段階に分けて体系的に実践している。

①強音の指導
②弱音の指導
③リズムの指導

④強音を時間的に等間隔で発音する指導
⑤発話の中で何が対比されるかの指導

3.2.1　強音の指導

　英文の中でどこでも強く発音してよいというのではなく話者の意図に従って強く読む音節は決まってくる。その前段階として一般にnormal stressと言われているストレスの基本を身につけさせる実践を開始した。
　私の作成した*Let's practice sentence stress*を使って、強音の練習をする。手順は以下の通りだ。(c) を例にとって紹介しよう。(資料1参照)
　(c)　The questions were easy.
①下線を引いた強い音をもった単語(questions, easy)だけを、まず2回発音する。
②英文の中で、強音をもった単語を強く2回発音する。(c)を2回読む。
③英文の意味を確認する。
　（生徒に意味を尋ねたり、教師が意味を言ったりする。）
④どんな場面で、その英文が使われるかを解説する。
⑤同じページにあるすべての英文を最初から通して、1回音読する。
　その際、英文を覚えるように指導する。

3.2.2　弱音の指導

　強音の場合と同様に、*Let's practice sentence stress*を使って弱音を意識させた練習をする。(d) を例にとって紹介しよう。(資料2参照)
　(d)　My father is a doctor.
①下線を引いた弱い音をもった単語（My, a）だけを、まず2回発音する。
②英文の中で、弱音をもった単語を弱く2回発音する。(d) を2回読む。
③英文の意味を確認する。
　（生徒に意味を尋ねたり、教師が意味を言ったりする。）
④どんな場面で、その英文が使われるかを解説する。
⑤同じページにあるすべての英文を最初から通して、1回音読する。
　その際、英文を覚えるように指導する。

3.2.3 リズムの指導

英語の発音では、強音と弱音が一定の間隔でしかも同じ型が繰り返して出現する傾向がある。そのリズムを整理された例題で練習する。

(e) Have a nice day.　　● ・ ● ●
(f) I've changed my mind.　　・ ● ●
(g) It's all Greek to me.　　・ ● ● ・ ・

この実践では、1つの単語に1つのビートを対応させている。そのため生徒が発音をする際に、それ程苦労をせずにすんなりと練習できている。

4. 成果と今後の課題

発音に苦手意識をもっていた生徒というのは、これまで自分の発音が英語らしい発音なのか否かを評価してもらう機会がなく、段階を追った発音指導を受けてこなかったために発音に対し苦手意識をもち、英語らしい発音ができなかったと言える。また、英語の発音は単語を個々に発音練習していけば自然に身についてくるものだという考えが間違いであることに気がつき始めた。日本語と英語の発音が全く別の形態を持つということを認識し始めたことは大きな成果であった。文レベルによる発音指導による成果は以下の3つにまとめられる。

①強音と弱音を意識することで、英文を読むとき、英語のリズムで読めるようになってきた。
②英文を音読するときに個々の単語にとらわれることから脱却し、意味の切れ目であるsense groupで読む習慣がついてきた。
③英文を聞き、話すときに、すべての単語に注意を向けて英語を聞くのではなく、強く読まれる音節をもつ単語だけを意識して英語を聞くように生徒が変わってきた。

今後、文レベルの音声指導5段階のうち、残りの2段階の指導、④強音を時間的に等間隔で発音する指導⑤発話の中で何が対比されるかの指導を実践していく。その際に、これら5段階を実践していった生徒がnormal stress（特定の文脈が与えられない場合で、標準的にその英文を読む読み方）に基づいて発話できるようにいかに定着させていくかが課題となる。

また、英語のリズムで英語を読めるためには、その文の内容が理解できているということが基本となる。読みと意味は密接に関係しているため、音読指導の際に、いかに英文の意味を理解させていくかも大事な視点となる。

Unit 1 ≪資料1≫
＜Section 3＞
　強音を発音する練習です。各文の中に下線部が2つ連続して出てきます。下線部を強く発音してみましょう。
　　1. They <u>eat</u> <u>bread</u> for breakfast.
　　2. I have a lot of <u>homework</u> <u>today</u>.
　　1. He <u>looked</u> <u>sad</u> this morning.
　　4. He's my <u>best</u> <u>friend</u>.
　　5. I have an <u>exam</u> <u>tomorrow</u>.
　　6. I made my boss <u>angry</u> <u>again</u>.
　　7. My <u>parents</u> <u>live</u> in New York.
　　8. Tom is always <u>telling</u> <u>lies</u>.
　　9. The <u>party</u> <u>hasn't</u> come alive.
　　10. The <u>show</u> <u>isn't</u> on anymore.
　　11. <u>How</u> <u>often</u> do you play tennis a month?
　　12. <u>Whose</u> <u>car</u> is this?
＜Section 4＞
　強音を発音する練習です。各文の中に下線部が3つ、離れて出てきます。下線部を強く発音してみましょう。
　　1. She <u>goes</u> to <u>church</u> every <u>Sunday</u>.
　　2. The <u>accident</u> was no <u>fault</u> of <u>yours</u>.
　　3. <u>Don't</u> put your <u>head</u> out of the <u>window</u>.
　　4. I'm <u>quite</u> a <u>beginner</u> in this <u>field</u>.
　　5. I am <u>going</u> to <u>see</u> a <u>doctor</u> tomorrow.
　　6. The <u>village</u> is <u>three</u> miles down the <u>river</u>.
　　7. I'm <u>afraid</u> you'll <u>have</u> to <u>wait</u>.

8. I <u>don't</u> know <u>where</u> to <u>begin</u>.

9. I'm <u>glad</u> you <u>like</u> it, <u>Daddy</u>.

10. I <u>haven't</u> seen a <u>rainbow</u> for some <u>time</u>.

11. <u>How</u> do you <u>like</u> your <u>eggs</u>?

12. <u>What's</u> the <u>purpose</u> of your <u>visit</u>?

Unit 1 《資料2》

＜Section 7＞

弱音を発音する練習です。各文の中に下線部が1つあります。下線部を弱く短く発音してみましょう。

1. I want <u>her</u> dog.

2. That is <u>my</u> bicycle.

3. Just <u>a</u> minute.

4. Bats fly in <u>the</u> dark.

5. One thing <u>at</u> a time.

6. Let's go <u>for</u> a walk.

7. I<u>'ll</u> take it.

8. What <u>do</u> you mean?

9. How <u>did</u> you like it?

10. He <u>may</u> have a cold.

11. He is old <u>but</u> active.

12. Come <u>and</u> see me tomorrow.

＜Section 8＞

弱音を発音する練習です。各文の中に下線部が2つ、離れて出てきます。下線部を弱く短く発音してみましょう。

1. <u>The</u> baby <u>can</u> speak.

2. Tell <u>him</u> about <u>it</u>.

3. He is <u>a</u> writer <u>and</u> doctor.

4. We <u>must</u> protect <u>the</u> earth.

5. <u>My</u> sister <u>can</u> speak French.

6. Repeat <u>it</u> again <u>for</u> me.

7. He is fishing in the river.

8. I go by bus.

9. My father is a doctor.

10. I visited a city in Europe.

11. They gave him a watch.

12. What can I do for you?

Unit 2　≪資料3≫

＜Section 11＞

　リズムに乗って発音する練習です。4つの単語を強・弱・強・強のリズムで発音してみましょう。

　　≪ ● ・ ● ●（強・弱・強・強）≫

1. Have a nice day.

2. Put your coat on.

3. Open your mouth wide.

4. Take a deep breath.

5. Just a minute please.

6. Watch your step now.

7. Thanks but no thanks.

8. See you later, alligator.

9. Let me get this.

10. That's her pet subject.

＜Section 12＞

　リズムに乗って発音する練習です。5つの単語を弱・強・弱・弱・強のリズムで発音してみましょう。

　　≪ ・ ● ・ ・ ●（弱・強・弱・弱・強）≫

1. She found it was good.

2. I returned to my room.

3. She asked me to go.

4. I've run out of ideas.

5. We drove to the sea.

6. I'm nervous about my speech.
7. It's across from the elevator.
8. I know what you mean.
9. You scared me to death!
10. I'll give her your message.

（多田宣興）

Ⅰ-5(2)　イントネーションと文法指導
　　　——話す、聞く、読むをとり結ぶために

1. はじめに
　日常生活において言葉は空気のような存在であり、そのものが強く意識されることは少ない。しかし、今、メッセージを伝える媒体そのものが人々の関心をひいている。書店の棚に並べられた日本語関連の本に共通するのは、声の復権である。黙読は近代の所産である。印刷は書物を廉価にし、一人で読書する楽しみを作りだした。その過程で、書物から書き手の声、書き手の意図を追いだし、読み手が自由にテクストから意味を紡ぎだすことがよしとされた。書物の上で「遊ぶ」ことが優先され、テクストに跪き、精確に読むことが軽んじられてきた。外国語としての英語学習においても、よく似た事情がある。大まかな意味の伝達と理解が達成しさえすれば、細部を問わない、おおらかな姿勢である。言葉の働きを細らせているといえる。
　ここでは、英語学習における音の重要性にたちもどり、スピーキング、リスニング、そしてリーディングの3つの技能をつなぐものとしてのイントネーションの働きを考え、指導に必要な道具立てについて略述したのち、指導への提案を行いたい。英語学習における声復権の基本に戻る一つの提案である。

2. イントネーション指導と教育現場
　中学校の教育現場におけるイントネーションの指導の実態について、佐々木（1997）はアンケート調査を行い、次のような教師の声を拾っている。[1]
　・あまり意識して教えたことがない。しかし興味がある。

第5章（2）イントネーションと文法指導

　　・イントネーションは大切だし、生徒にもイントネーションに対する意
　　識を持ってほしいが、教師自身にイントネーションに関する確立した知
　　識がない。
　　・重要なことだと思うが、中学校の段階では基本的なイントネーション
　　の指導（疑問文には上昇調、平叙文には下降調）で充分だと思うし、ま
　　たそれ以上指導する時間的なゆとりもないように思う。
　　・適切なテキストを持っていないので、自分の「感覚」だけで指導して
　　いるが、もしかしたら間違ったイントネーションを教えているかもしれ
　　ない…と不安になってきた。よい教材があれば紹介してください。
　　・まず、自分が実戦とトレーニングを受けたい。
アンケートへの回答は、音声指導とりわけイントネーション指導に対する
教師自身の心もとなさを伝え、トレーニングの機会と適切な指導書、指導
法の確立の必要性を訴えかけている。その一方で、「イントネーションは
気分次第であり、いろいろな読み方があっても不思議ではない」との理解
もあり、イントネーションの働き、そして何をどこまで教えるべきかにつ
いて指導者の間に共通の認識が得られていないのが実情のようである。

3.「指導要領」が示す音声指導

　現行の『中学校学習指導要領』（平成10年12月改訂）では音声指導に関
して、コミュニケーション能力の育成重視をうたったうえで、5項目の指
導を求めている。[2]
　　ア）現代の標準的な発音
　　イ）語と語の連結による音変化
　　ウ）語、句、文における基本的な強勢
　　エ）文における基本的なイントネーション
　　オ）文における基本的な区切り
また、エ）のイントネーションについては、
　　話者の気持ち、意図、相手との関係など、その場の状況などによって変
　　化するが、英語の文には文がもつ基本的なイントネーションがあり、そ
　　れらを学習する必要がある。
と解説を付し、イントネーションをすべからく文脈依存の個別性に押しこ

95

める考えを退け、文法の指導対象となりうるイントネーションの基本的な約束事の存在とその指導の必要性を説いている。さらに、オ）文の区切りついても、

> 英語はいくつかのまとまりに区切って話したり読んだりされることがある。長い文は文の構成や意味のまとまりをとらえて区切る必要がある。また、文を聴くときにも、区切りに注意すると意味をとらえる場合にも役立つものである。このように区切りは理解する場合にも重要な役割を果たしており、基本的な区切りの位置について指導する必要がある。

と説明し、発信と受信の両面において区切りは重要な働きをしていることを強調している。つまり、よき表現者はよき理解者であること、文を正しく理解できる人はメッセージをわかりやすく相手に伝えることができる人であるということであろう。適切な文の句切りは実に発信・受信の重要な鍵であることを『指導要領』はおさえている。

4. 音声指導に必要な道具立て

発信者が意味のまとまりごとに続けて話し、受信者は意味のまとまりを分節しながら聞きとる習慣を身につけることは、コミュニケーション活動を円滑に進めるうえで大切である。そのための道具立てとして文の強勢、区切り、音調の基本を文法から考え、実際にはこれらが基本からどのように逸脱するかたちで使用されるかを情報の観点から考えてみよう。

4.1　文法から文強勢、区切り、音調を考える
4.1.1　文の強勢と原則

日本語は各音節をほぼ同じ長さで、同じ時間をかけて発音する。英語は強勢(stress)のある音節は長く、時間をかけて発せられるが、強勢のない音節は短く、すばやく発音される。そして英語には等時性と呼ばれる、強勢のある音節と音節との間は両者の間にある弱音節の数の多少に関わらず、ほぼ等しい時間で発音する特徴がある。機能語は強勢を受けにくいのに対し、内容語は強勢を受けやすく、単語の品詞により強弱の音節語を原則的に決めることが可能である。

文強勢を受けやすい語	文強勢を受けにくい語
名詞	助動詞
動詞	be動詞
形容詞	前置詞
副詞	接続詞
指示代名詞	人称代名詞
疑問詞	関係詞
数詞	冠詞
否定辞	存在文のthere

たとえばこの原則に従って、強勢ある音節を太文字で表せば次のようになる。

(1) **Hi, every**one! My **name** is **La**la. I **want pen** pals from **all** over the **world**. I **live** with my **two lit**tle **sis**ters, my **moth**er and **fa**ther. I **like sing**ing and **swim**ming. I **can**not re**ceive** e-mail at **home**, but I can at my school. I **speak Eng**lish, **French, Span**ish, and **Ser**bian. (*Sunshine*, Bk 1, 94) （下線を施した文章は実際には文脈から 'can' にも強勢が置かれるが、それについては4.2.1を参照。）

(2) **Look**, a **boy** has **just come in**. (*Sunshine*, Bk 3, 9)

文強勢で注意しなければならないのは、(1) の 'pen pals' に見るように複合名詞の場合には第1要素に強勢が置かれることである。また、(2) の 'in' が強勢をとるのはこの語は前置詞ではなく、副詞（正確には前置詞から転じた副詞(prepositional adverb)）だからである。

4.1.2 文の区切りと原則

分節された意味のまとまりは、従来、センス・グループと呼ばれてきた。また、区切りはコミュニケーションの最小単位であるとの考えから、「インフォメーション・ユニット（information unit)」、あるいはこの単位が音声面で特徴あるまとまりを持つことから「トーン・ユニット（tone unit)」とも呼ばれている。

聞き手（読み手）は話し手（書き手）から送りだされた音声（文字）情報を、区切りに合わせて解読していく。区切りの位置は、会話の場合、話

されるスピードと情報の処理の仕方により変化するが、原則、次のような文法的目安をたてることができる。[3]（例文は (k) を除き *Sunshine English* (Books 1-3) による。）

(a) 文が副詞句で始まる場合

In fact,/ I've been to Seoul twice.// (Bk 3, 15) In class today,/ I'm going to talk about the music of Okinawa.// (Bk 3, 34) Through that experience / I discovered my skills.// (Bk 3, 61)

(b) 呼びかけや感嘆の語

Yuki,/ will you share your experience with us?// (Bk 3, 56) Thank you,/ Yuki.// (Bk 3, 57) Look,/ a boy has just come in.// (Bk 3, 9) Oh,/ that's similar to the Japanese Obon, / isn't it?// (Bk 3. 17)

(c) 接続副詞

Now / let's begin.// (Bk 3, 28) For example,/ he played basketball in his junior high school days.// (Bk 3, 45)

＊(d) 文頭文末に置かれた時間や場所を表す副詞

On April 12, 1961,/ Yuri Gagarin became the first person that people sent into space.// (Bk 3, 74) I worked in a hospital / for two weeks.//(Bk 3, 60) There are a lot of fans of Okinawan music / all across Japan.// (Bk 3, 36)

＊(e) 長い不定詞句

It's hard for me / to cut it that way.// (Bk 3, 30)

He also became the first person / to see the earth from space.// (Bk 3, 74)

We are practicing hard / to win the city championship.// (Bk 3, 11)

(f) 列挙の語句(A or B; A, B, and C)

I live with my two little sisters, / my mother / and father.// (Bk 1, 94)

(g) 長い主語

The man standing between Ayako and me / is Mr. Mori.// (Bk 3, 56)

People around the world / were surprised at the news.// (Bk 3, 74)

(h) 長い関係詞節

Today/ we have a space station/ which sixteen countries are building together.// (Bk 3, 76)（*Cf.*関係詞の省略 I really enjoyed <u>conversations we had</u>. (Bk 3, 61); <u>The section Japan made</u> is named *Kibo*, or "hope" in English. (Bk 3, 76)）

(i) 等位接続詞で結ばれた節

At his concerts,/ people rise from their chairs / and dance to the music.// (Bk 3, 38)

(j) 従属接続詞で導かれた節（文頭に置かれた場合は必ず、文尾の場合は文脈次第）

When we understood each other,/ it was a lot of fun.// (Bk 3, 19)
Well, / some teachers lock the door / when class has already started.// (Bk 3, 9) You can see many kinds of dances at Chusok / if you are lucky.// (Bk 3, 17)

(k) 文の途中に挿入された句や節

The blue whale,/ which is the world's largest animal,/ has been hunted almost to extinction.//The government,/ in Mr. Howell's view,/ must ensure that we have enough money.//

中学校教科書のようにゆっくり会話が交わされたり朗読される場合、星印（*）の項も区切りの対象となり、ユニットの数が多くなる。

4.1.3　区切りと音調核の原則的位置

区切りは情報と音声の観点から、インフォメーション・ユニット、トーン・ユニットとそれぞれ呼ばれることはすでに述べた。インフォメーション・ユニットとしての区切りはコミュニケーションの最小単位であり、おのずからそこには重要な情報が一つもり込まれることになる。一方、音声上、各ユニットには一つ以上の強勢語が含まれる。一つの場合にはその強勢語が、複数ある場合には情報の上でもっとも重要な語が、卓立した強勢（prominent stress; nuclear stress）を受け、その語が焦点化される。この情報の焦点（focus）の位置で音程（ピッチの動き）が、上昇、下降などのように著しく変化する。焦点のある強勢音節は音調核（nucleus）と呼ばれる。

原則的には、各トーン・ユニットの最後の強勢語に音調核がある。

(3) <u>Look</u>, / a boy has just come **in**.// (*Sunshine* Bk 3, 9)
(4) They brought their **flags** with them.// (*Sunshine* Bk 3, 66)

通常、教科書などの目標文のように文脈なしであたえられる文は、この原則にしたがって、強勢を受ける語のうち一番最後の強勢語にもっとも強い文強勢をおいて読む。そしてその位置で音程を変化させ、下降、上昇などの抑揚をつける。これが標準的な読み方であり、ノーマル・イントネーションと呼ばれている。

4.2　情報から逸脱を考える

　基本的な文強勢語の決定と文の区切りは、文法的な知識をもとに行うことができた。実際の発話においては、この基本のうえに今ひとつの情報処理の原理が働き、文強勢と区切りをともなう文が最終的に表出される。ここでは、文法にもとづく強勢と区切りの原則が情報の立場から守られないケースを「逸脱」と考える。この逸脱の理解こそが、発話者にとってメッセージの巧みな伝達を、受信者にとって文の正確な理解と解釈をそれぞれ可能にするのである。

4.2.1　文強勢と逸脱

　文は対話者にすでに共有されている「古い情報（given information）」と「新しい情報（new information）」とで構成される。話者が伝えたい新情報を運ぶ語が上記4.1.1で見た機能語類であれば、原則から逸脱して本来強勢を受けにくい語が文強勢を受けることになる。（下線を施した語が逸脱したケースである。）

(5) I **can**not re**ceive** e-mail at **home**, but I <u>**can**</u> at my **school**. (*Sunshine*, Bk 3, 94)
(6) I **like green** tea. I **drink** it **every day**. What do <u>**you**</u> **drink every day**? (*Sunshine*, Bk 1, 92)

4.2.2　区切りと逸脱

　言語形式面から立てた文の区切りの目安は、正確にいえば、区切りが置かれる可能性のある所といえる。言いかえれば、ゆっくり話した場合に区

切りが設けられる場所である。話すスピードが増せば、当然、区切りの箇所が少なくなる。また、情報の観点からも区切りの数が変化する。たとえば、

(7) A: What are you going to do this afternoon?
　　B: I'm going to study with my friend.　(*Sunshine*, Bk 2, 16)

Bの応答文の情報を一つと見なすか、2つと見なすかにより、次の(8-a; 8-b)のように文を区切ることができる。

(8) a: I'm going to study with my friend.//
　　b: I'm going to study / with my friend.//

(8-a)は「友達といっしょに勉強する」こと全体を新しい情報として提示するのに対し、(8-b)の場合は、「勉強をする」が、一人でするのではなく「友達といっしょ」であることも重要な情報として提示されている。2つの異なる情報それぞれが重要であると発話者が考えているのである。

4.2.3　音調核の原則的位置からの逸脱

音調核のある原則的位置は各トーン・ユニットの最後の強勢語であると4.1.3で述べた。たとえば、(9-a; 9-b)の文は網掛けの太文字の語に音調核がある。

(9) a: I'm going to study with my friend .//
　　b: I'm going to study / with my friend .//

しかし、(10)に見る対話の場合には、「友達といっしょに何かをする」のはすでに了解された事柄であって、情報の焦点つまり音調核は'study'に移動し、この語がもっとも強く発音されることになる。

(10) A: What are you going to do with your friend ?//
　　 B: I'm going to study with my friend .//

さらに次の2つの例において逸脱を確認してみよう。

(11) A: That's a beautiful yard !//　Who's that boy?//
　　 B: He's Kenny .//　He and Andy go to the same high school.//
　　 A: Does Kenny ride a bicycle to school ?//
　　 B: No ,/ He doesn't .//　He usually drives to school.//

(*Sunshine*, Bk 1, 52)

(12) A: Jane is planning to visit China this summer .//
　　B: So am I .//

　(11)において逸脱しているのは 2 カ所、'that' と 'drives' である。'that' は庭のそばに立っている少年を直接に指さしながら発せられる質問文であり、'drives' が音調核を受けるのは「自転車で学校に通う」ことが先行する文脈ですでに話題にされ、それとの対比で 'drives' が情報の焦点となるからである。
　(12)では原則に照らせば、強勢を受けるのは副詞の 'so' であるが、本来、強勢を受けにくい代名詞 'I' がもっとも強い文強勢（音調核）を受けている。それは「私もこの夏中国に行く計画を持っている」からであり、情報の焦点が 'I' に置かれるからである。
　このように、音調核が置かれる位置の逸脱は、1）各トーン・ユニットの最後の強勢語からその前にある強勢語に移動する、2）強勢を受けにくい語類に移動する、という 2 つの形で現れる。

5. 音調の働き

　文の強勢、区切り、音調核について原則と逸脱を理解した。あとは適切な音調を選択して表出することが発話者の課題であり、それを正確に聞き取り（文字の場合は音調を正しく再現して）解釈するのが受信者の課題となる。

5.1　音調の種類と選択

　主たる音調には、下降調（↘）、上昇調（↗）の基本音調と、両者を組み合わせた下降上昇調（↘↗）、上昇下降調（↗↘）がある。[4]（上昇下降調は使用頻度が少ない点で教育現場において将来の学習にゆだねることができる。）学校教育においては、たとえば平叙文には下降調を、疑問文には上昇調を用いるというように、文の形式と音調とを対応させてきた。
　ここでは、2 つの観点から音調の働きを説明することを提案したい。
　1）話者の判断態度（モダリティ）の立場から
　　・下降調（↘）は話者の主張・断定
　　・上昇調（↗）と下降上昇調（↘↗）は話者の判断保留

2）情報の重要度の観点から
・下降調（➘）は同一文内の他のインフォメーション・ユニットに比べ情報がより重要である
・下降上昇調（➘➚）は同一文内の他のインフォメーション・ユニットに比べ情報がさほど重要でない

下降上昇調の複合形は、話者がいったん断定した後、それを保留にするという心理状態を反映するものであり、陳述に対する話者の曖昧な態度、穏やかな主張、あるいは穏やかな疑問といった意味を添える働きをする。複合形の下降上昇調により伝えられるこうした心理状態は、下降と上昇とが別々に使用される付加疑問文（軽い問いかけ）によく現れている。

(13) Oh, that's similar to the Japanese Obon(➘),/ isn't it(➚)?//
(*Sunshine* Bk 3, 17)

また、命令文に上昇調や下降上昇調が用いられると、きっぱり言うことにためらいを伴う命令文（丁寧な命令）となり、さらには依頼文へと傾斜してゆく。

(14) Don't be late.// (➘)または(➘➚)

当然のことながら、疑問文には話者が判断を保留する上昇調が用いられる。しかし疑問詞をともなう疑問文には、なぜか話者の主張を表す下降調が用いられる。これは今井（1989）が説明するように、たとえば(15)は「今朝何を食べたのか知りたい。この未知数の部分を埋めてくれ」という話者の強い主張であり、それゆえに下降調が用いられると解釈できる[5]。

(15) What did you eat this morning (➘)? (*Sunshine* Bk 3, 29)

教育の現場において取りあげられるべきは、2）の情報の観点から見た音調の使い分けであろう。なかでも下降上昇調に慣れさせ、その使用を促すことであろう。たとえば次の文を仮に1カ所で区切り、かつ2つのトーン・ユニット内の情報に軽重をつけて読む場合、

(16) I saw a notice about a missing dog. (*Sunshine* Bk 2, 11)
　　a. I saw a notice(➘➚)/ about a missing dog(➘).//
　　b. I saw a notice(➘)/ about a missing dog(➘➚).//

のような2通りの読み方ができる。(16-a)は「迷い犬」の方が重要と考え、(16-b)は「張り紙」の方に情報の焦点を置く場合である。他と比較して

さほど重要でない情報には下降上昇調(⌄)が選択されている。また、(16)の文章全体を一つの情報として提示する、つまりノーマル・イントネーションで読む場合には

  c. I saw a notice about a missing dog(↘).//

となるが、この文章を教科書の模範朗読のようにゆっくり読む場合には(16-a)の音調と同じになることにも留意すべきであろう。

 さらに(16)の文に関連して次のような応答を考えてみよう。

 (17) A: What did you see about a missing dog?
    B: I saw a notice about a missing dog.

この場合、応答文として次の2つの読み方が考えられる。

 (18) a. I saw a notice about a missing dog.(↘)//
    b. I saw a notice(↘)/ about a missing dog.(⌄)//

(18-a)は答えとなる文全体を一つの情報として、つまり一つのトーン・ユニットとして提示している。新しい情報である 'notice' に音調核が移動し、この語に下降調の音調をあたえ、最後の 'missing dog' までピッチを下げたまま発音する。(17)の応答文に対しては、これが規範的な読み方である。しかし先行する文において話題にされた「迷子の犬」を再び話題にあげて、「迷子の犬について何があったかといえば、私は張り紙を見たのです。」というような情報提示も考えられる。文を2つに区切り、'missing dog' には旧情報であることを示す下降上昇調を、'notice' には新情報を表す下降調を選ぶ読み方 (18-b) がこの解釈に対応する。

5.2 従属節をともなう文と音調

 情報の軽重による音調の使い分けが重要なのは、従属接続詞で結ばれた文を読むときである。等位接続詞でむすばれた節同士は、等位の名が示すとおり、ともに重要な情報が併置されていると考えることができる。これに対して 'when' 'if' 'after' 'before' などの接続詞に導かれる節は、通例、主節に対して従属的な位置をあたえられ、情報的には主節が優位にあり、従属節の情報はたとえば文脈から推測可能な劣位なものとなる。したがって、

 (19) She gathered together some children(↘),/ and taught the alphabet to them(↘).// (*Sunshine* Bk 2, 28)

(20) When we made mistakes(↘),/ he showed us how to trim them again (↗).// (*Sunshine* Bk 3, 19)
(21) You can see many kinds of dances at Chusok(↗)/ if you are lucky(↘)あるいは(↗).// (*Sunshine* Bk 3, 17)

等位接続詞 'and' でむすばれた (19) においては等価な情報が併置されていることから、ともに下降調で読まれる。一方、従属節を含む (20) (21) の場合は、従属節に下降上昇調を選択する場合が多い。従属節に対しては下降上昇調を用いることを音調選択の原則と考え、[6]その上で話者が従属節内の情報を重要と考えて下降調を選択した場合を原則からの逸脱と考えておきたい。

(22) A: When did you begin to live in this town?
　　 B: I moved in here (↘)/ when my father changed his job.(↗)//

6．指導への提案

これまでイントネーション指導のための道具立てについて考えてきた。ここでは本稿のまとめとして原則の定着をねらいとした一連の練習の流れを、各項目に2，3の代表的な練習問題例を付しながら示してみよう。実際の指導にあたっては、類似の練習問題をつけ加えて実施していただきたい。

［文に強勢をつけて読もう］
フェイズ1（強勢を受ける語と受けにくい語に気をつけよう）
　Nice to **meet** you. **Nice** to **meet** you, **too**. **Here** you are. **Thank** you **very much**. **Not** at **all**. **What** do you **like**? **I** like **ice** cream. **Whose hat** is **this**? It's my **uncle's**. **Try** this **on**.

フェイズ2（強勢ある音節に注意しよう）
　Rain, rain, go away,　/ **Come again another day,**
　● ● ● ・● ● ・● ・● ●
　Little Johnny wants to **play**, /**Rain, rain, go** to **Spain**,
　● ・● ・● ・● ● ● ● ・●

Never show your face again.
● ・　●　・　●　・●

［文を区切って読もう］
フェイズ１（4.1.2の例文を参照）

フェイズ２（括弧内に示した数だけ区切り線を入れて読もう）
　1. I play soccer every day. （０または１カ所）
　2. I run here with my dog every morning. （０または１カ所）
　3. On a rainy night, just like tonight, there was someone at the door. （２または３カ所）
　4. One day, on his way home from a football game, Joey fell down and went into a coma. （２または３カ所）

［もっとも強い強勢語はどれ？］
フェイズ１（4.1.2の例文を参照）

フェイズ２（もっとも強く読む語（音節）に注意して読もう）
　1. I play soccer every day.//
　2. I run here with my dog every morning.//
　3. On a rainy night,/ just like tonight,/ there was someone at the door.//
　4. One day,/ on his way home from a football game,/ Joey fell down and went into a coma.//

フェイズ３（新情報に注意してもっとも強く読む語（音節）を考えよう）
　1. A: German is the most popular in Japan.
　　 B: No, English is the most popular in Japan.
　2. A: Do you have six classes on Wednesday?
　　 B: No. We have four classes on Wednesday.

フェイズ４（質問の内容に照らして文強勢を変えてみよう）
　1. A1: I haven't seen you for a long time. Where have you been?
　　　A2: How long have you been in Japan?

A3: Where have you been for three months?
A4: Who has been in Japan for three months?
　B: I have been in Japan for three months.
2. A1: What's on today?
　A2: What are you going to watch?
　A3: Where are you going to watch a baseball game?
　A4: What are you going to do at the stadium?
　　B: We are going to watch a baseball game at the stadium.

[音調になれよう]
フェイズ1（上昇、下降、下降上昇調でそれぞれ読んでみよう）
　1. A, B, C, . . . Taro, John, Mary, Japan, Naruto, England, China; . . .
　2. One day; in this way; early in the morning; in spring; in fact; . . .
　3. Please; Sorry; Pardon; Excuse me; Wonderful: What; . . .
フェイズ2（定型を身につけよう）
　1. Ken,/ do you like dancing?//
　2. Where are you staying now,/ Mary?//
　3. One way/ or round trip?//
　4. That's a wonderful idea,/ isn't it?//
　5. Excuse me,/ but please pass me the salt.//
フェイズ3（文頭にある時間、場所を表す語を下降上昇調で読んでみよう）
　1. After the dinner,/ they listened to some speeches about John.//
　2. In 1948, /Mother Teresa walked into a slum in Calcutta.//
　3. At my school in U.S.,/ we repeat the same word,/ "G-O, go,go!" //
フェイズ4（等位節をそれぞれ下降調で読んでみよう）
　1. They worked together/ and saved the lives of many children.//
　2. You can play tennis with us,/ but it's a different kind of tennis.//
フェイズ5（従属節を下降上昇調で読んでみよう）
　1. If you like; when he comes home; while we are staying; after she left here; . . .

2. You can use my bicycle/ if you like.//

3. When he comes home,/ he does his homework first.//

4. You can enjoy skiing/ while you are staying here.//

［注］

1 佐々木恩(Sasaki Megumi), *Teaching Intonation with Discourse Functional Principles*, unpublished MA thesis (Naruto University of Education, 1997) "Appendix A" (pp. 56-60)を参照。佐々木は教育現場の声を受けて、中学校1年から3年生までを対象としたイントネーション指導の練習教材（*Intonation*, Books 1-3）を作成している。貴重な実践書である。

2 『中学校学習指導要領』(pp. 32-6)を参照。

3 Leech, G. and J. Svartvik, *A Communicative Grammar of English* (Longman, 1994^2)を参考にして文法の目安を立てた。

4 アメリカ英語では、一般に、下降調(↘)、上昇調(↗)、平板調(→)の3つを区別している。平板調は「文が未終結であること」、あるいは「無関心な態度」を表すと説明されているが、本稿では抑揚の豊かさを習得するためにもイギリス英語を中心に用いられている下降上昇調を重要な音調として区別を立てた。

5 今井邦彦、『新しい発想による英語発音指導』（大修館書店、1989）、p. 178を参照。

6 ただし接続詞becauseはasやsinceとは異なり新しい情報を伝えることから、下降調で読まれることが多い。後掲の藪下論文を参照。

    I'm excited(↘)/ because I can see you soon(↘). //(*Sunshine* Bk 2, 64)

（向井　剛）

Ⅰ-6　日英語対比と文法指導
　　　　—時間表現を中心に—

　時制の区別は単文一文の場合は比較的わかりやすい。英語では、現在、過去、未来のいずれかの時点のある出来事や状態を表す動詞、あるいは、助動詞プラス動詞の形を指導すればよい。それに対応する日本語も、現在形なら「～する」、過去形なら「～した」、未来形なら「～するだろう」、「～するつもりだ」と単純に対応させている。完了形においても、例えば、現在完了形なら、過去から現在までの時間軸を板書し、その時間幅の間で「完了」「継続」「経験」「結果」の4種類の出来事が表されることを説明して、それぞれ、「～したところだ（完了）」、「ずっと～していた（継続）」、「～したことがある（経験）」、「～してしまった（結果）」等の代表的な和訳を教えて済ましている。

　ところが、実際のコミュニケーションでは、単文一文で済むような場面は少ない。一文の発話でも関係詞、接続詞、副詞などを駆使して重文、複文構造になっている文が用いられるほうがむしろ普通である。しかし、単文で時制をよく理解していた学生でも、複文構造になるとうまく時制を使いこなせなくなってしまう場面によく出会う。特に、英訳、日本訳のとき、時制の使い方に混乱が見られる。

　本書の目的である、コミュニカティブな文法指導、つまり、将来学生が充実した内容を適切な表現で発信するためには、特に、高校生レベルでは、単純な一文単位の時制指導では不十分であり、日本語英語の特徴を対比させながら複文の時制指導が必要であることを述べたいと思う。以下では、実際の教室で観察した代表的な学生の時制の誤用例、及び、学生からの質問を紹介しその問題点を分析する。次に、実際の指導の基盤となるような言語学の分野におけるテンス・アスペクトの観察・説明を簡潔に導入す

る。更に、その知見を援用した教室での指導の提案を述べ、最後に、本章のまとめを記す。

1. 複文構造における時制の誤用例、及び、疑問

筆者が工業高等専門学校1年生、2年生で観察した時制の混乱や時制に関する質問の多くは主に次の三点に分けることができる：(i) 主節と従属節の時間関係、(ii) 完了形の日英対応、(iii) 仮定法過去形の時制である。以下、それぞれの事例をみながら、なぜそのような混乱が起きているのか、なぜそのような疑問が出るのか、探ってみよう。

1.1 主節と従属節の時間関係

まず、(1), (2), (3) の英文を日本語に訳す課題を出したときの例を挙げる。(1a), (2a), (3a) はそれぞれ教科書の解説書に載っている訳である。(1b), (2b), (3b) は学生が訳した日本文である。

(1) The stranger asked me if I knew him. (New Horizon, p. 11)

(1a) 見知らぬ人が、彼を知っているかと私に尋ねた。(New Horizon, 解説編, p. 23)

(1b) 見知らぬ人が、私が彼のことを知っていたかどうか尋ねた。(学生訳)

(2) The teacher asked us whether we knew the names of all the states in the United States. (New Horizon, p. 11)

(2a) 先生は、私たちがアメリカ合衆国のすべての州の名前を知っているかどうか聞いた。(New Horizon, 解説編, p. 23)

(2b) 先生が私たちにアメリカのすべての州の名前を知っていたかどうか尋ねた。(学生訳)

(3) Goethe, though he did so much, felt that there was still more for him to do. (New Horizon, p. 55)

(3a) ゲーテは、あれほど仕事をしながら、自分にはまだまだなすべきことがあると感じていた。(New Horizon, 解説編, p.105)

(3b) ゲーテはあまりにも多くのことをしたけれども、まだ彼は多くのすることがもっとたくさんあったと思っていた。(学生訳)

　英文 (1) の if 節の動詞 knew、(2) の whether 節の中の動詞 knew、(3) の that 節の中の動詞 was は、いずれも「時制の一致」という文法規則によって主節の動詞の時制に従属節の動詞が一致したために過去形になったものとされている。ここで学生の和訳 (1b), (2b), (3b) を見てみよう。学生は、「時制の一致」という規則は習っているが、それよりも先に動詞の過去形の方に注目し、過去形ならば「〜した」と訳す、という指導を思い出して、主節も従属節も「〜した」と訳していると思われる。しかし、(1b) は 英文 (1) の時間を正確に伝えていない。英文(1) は、「見知らぬ人が尋ねた」時と、「私が彼を知っている（かどうか）」の時は同時である。(1b) のように従属節を「知っていた」にすると「見知らぬ人が尋ねた」時点から更にさかのぼった過去の時点で「知っていたかどうか」を尋ねているのであって、尋ねている時点で知っているかどうかは問題になっていない。(2) も同様である。英文では「先生が私たちに聞いた」時と「私たちがアメリカ合衆国の州の名前を全て知っている（かどうか）」の時は同時である。(2b) の学生の訳では、「先生が私たちに聞いた」時点でもうすでに「私たちはアメリカ合衆国の州の名前を全て知っていた（かどうか）」ということになる。　(3b) ならば、ゲーテは自分の過去を後悔していることになる。ここでの問題点は、まず、英文(1), (2), (3) は文としては過去形の文である。しかし、日本語に訳すとき、主節は英文の過去時制に合わせても、従属節は「〜る」形を用いなければならない。「〜る」を現在形、「〜た」を過去形の和訳と単純に対応させていることに問題がありそ

111

うだ。

1.2 日・英完了形の時間の対応

英語の完了形を日本語にどのように対応して訳すかというときの指導は、専ら「完了」「継続」「経験」「結果」のどの意味を対応させるかに焦点が置かれていて、完了形の正確な時間の対応にまで指導されることはあまりないのではないだろうか。現在完了形の典型的な訳例として、「〜したところだ（完了）」、「ずっと〜していた（継続）」、「〜したことがある（経験）」、「〜してしまった（結果）」が、説明なく与えられているだろう。しかし、学生は現在完了形でも、過去形の「〜た」、現在形の「〜る」の訳を忠実に守ったままこの典型的な訳例を用いて英訳・和訳をしてしまっている。実例を見てみよう。

日本語の文(4)は学期末試験問題からの一例である。(4)の日本語を与えておいて、(4a)の英文の( )内には(look)を入れておき、日本文に合うように動詞を適切な形に書き替えよ。必要であれば助動詞を補うこと、という問題である。このレッスンでは現在完了進行形を学習したのでその復習がねらいである。(4a)が解答で、(4b)が学生の解答の一例である。

(4) 「科学者たちは物言わぬ石像の謎を解く可能性がある説明をずっと捜し求めてきました。」(Genius, p. 91)

(4a) Scientists (have been looking) for possible explanations for the mystery of the silent stone men. (Genius, p. 91)

(4b) Scientist (had been looking) for possible explanation for the mystery of the silent stone men. （学生の解答）

長文問題なので、(4)に続く英文は、The strange stone giants still stand on the shores of Easter Island, keeping their secret to themselves. という現在形である。従って、(4)に対応する英文は、過去のある時点から現在までの継続した動作（「ずっと捜し求めてきた」）を表す現在完了進行形が適

切である。しかし、(4b) の答をした学生（40名中2名、cf. 正解者は14名、単純な過去形 looked にした学生は11名）は出題者の意図は理解していながらわざわざ過去完了進行形にしている。ここでも考えられるのは、(4) 日本文末の「... 捜し求めてきました」の「〜た」の影響ではないだろうか。文脈を考慮せず、日本語の動詞が「〜た」で終われば即ち過去形、さらに「ずっと〜してきました」という完了進行形なので足して過去完了進行形である、と推測したと考えられる。

(5) は和文英訳の問題である。解答例は (5a) である。接続詞 soon after の前件、後件共、過去形になっている。(5b) が提出された学生の訳例である。

(5) 幸いなことに、火事は起こった後すぐに発見された。(New Horizon, p. 25)

(5a) Luckily, the fire was found soon after it broke out. (New Horizon, 解説編, p. 51)

(5b) Luckily, the fire was found soon after it had broken out.（学生訳）

学生の英訳(5b) は正解である。(5a) も正解である理由は辞書から引用する：
　―時の前後関係が明白なので、after 節では現在完了形・過去完了形の代わりに現在形・過去形がしばしば用いられる： (ex) He arrived after you (had) left. (Genius English-Japanese Dictionary Third Edition, p. 36)

(5b) の例を挙げたのは、学生が「起こった」「発見された」と従属節も主節も両方「〜た」形であるにもかかわらず、after という接続詞によって、火事が起こったのは発見された前の時点である、という世界知識を働かせていることを示すためである。過去の過去は過去完了形で表現できることを思い出し用いたのであろう。この例からは、学生は時制を適当に使って

いるのではなく、しっかりと考えて表現していることがわかる。そこで、ますます、「〜た」形を過去形、「〜る」形を現在形と指導するだけでは不十分であることが知らされる。

(6) の例は、(5) のような例で感じた疑問を「質問」として言語化できている例である。

(6) Strangely enough, the letter I had sent to him a week ago returned this morning. (New Horizon, p. 23)

(6a) 実に不思議なことに、1週間前に彼に送った手紙が今朝戻ってきた。(New Horizon, 解説編, p. 47)

(6b) 学生の質問：「両方とも「送った」「戻ってきた」と訳すのに、なぜ sent ではなくて had sent なのですか？」

(6b) の質問をした学生は、手紙を送ったときが、その手紙が戻ってきた時より前である過去の過去であることに注目する前に、「送った」「戻ってきた」の「た」が過去形であることにとらわれているのであろう。

(5b), (6b) に共通していることは、学生は時の前後は意識しつつも、過去形は「〜た」であるという固定された訳に縛られているため、自分で納得した時制の使用ができないと感じているということである。

1.3 仮定法過去形の時制表現

最後は、仮定法過去の授業時のプリント演習のときに受けた質問を紹介する。(7a) は訳例である。

(7) If I had more money, I could buy a new car.
　　 If I were you, I would tell him the truth.

(7a) もっとお金を持っていたら、新車が買えるのだけど。
　　 もし僕が君だったら、本当のことを言うだろう。

(7b) 学生の質問：「仮定法過去は現在の事実に反することの仮定、という説明なのに、訳が、「もっとお金を持っていたら、」と「た」を使うのはおかしい。同様に、「もし僕が君だったら、」も今の想像に「だった」を使ってもいいのですか？」

仮定法過去形を教えるとき、意味的には「現在の事実に反することの仮定」と説明し、同時に、構文的には時制をひとつずらして動詞、助動詞の「過去形」を用いる、と説明されるだろう。しかし、学生はここで意味と形のずれに混乱を感じるようだ。(7)の和訳に「もし僕が君なら、」と判定詞「だ」の現在形条件の「なら」を用いた学生も多かった。しかし、ここでのifの副詞節で現在の事実に反していてこれからも起こりそうにないことを表すには、やはり、日本語でも「だったら」という「だ」の過去形条件を用いるのがよい。日本語でも英語でも、現在の反事実をなぜ過去形の「〜たら」「〜だったら」で表現されるのかを説明する必要があるだろう。(7b)の質問は、その必要性を示している。そして、「〜た」が過去の時点を表す、とだけ理解していては適切な和訳ができないことをこの質問にもみることができる。

2. 日本語・英語のテンス・アスペクト分析

前節で挙げた学生の誤用例や質問に見られるように、日本語の「〜た」の解釈とその英語の対応はそれほど単純ではないようだ。日本語母語話者の教師と学生が日本語でコミュニケーションする場面では、直感的に様々な文脈で「〜る」と「〜た」を使い分けているが、同じ日本語母語話者同士で英語を問題にするとき、授業という場面では、上のような誤用や疑問に対処できるようにその使い分けと対応について明示的に説明し、将来のしっかりしたコミュニケーションの基盤を築いておく必要があるだろう。本節では、実際の授業の現場で援用できるようないくつかの言語学の先行研究からの知見を紹介する。

第Ⅰ部　教育実践への提言・報告

2.1　日本語のテンス・アスペクト分析

　日本語の動詞の活用語尾「〜た」の意味と働きをめぐっては、現在も多くの研究論文や研究書が出されている。それ程、日本語の母語話者でもその全容を理解することは難しい助動詞である。それだからといって、学生の理解を助けるためにはその意味と機能を説明しないで済ますことはできない。これまでの研究の中から代表的で、かつ、高校生レベルの授業にも導入できるような明快な説明が必要である。

　寺村 (1984) には「〜た」について (8) の意味分類がある。

(8) a. '過去' を表すとみる（'テンス説'）
　　b. '完了' を表すとみる（'アスペクト説'）
　　c. 話し手の判断のしかた、立場の表現とみる（'ムード説'）

（寺村, 1984, p. 314）

(8a), (8b) に対応する例として、それぞれ (9a), (9b) を「過去のタ」と「完了のタ」の例として挙げている。

(9) a. キノウアノ本ヲヨンダカ
　　b. モウアノ本ヲヨンダカ　イヤマダ読ンデイナイ

（寺村, 1984, pp. 319-320）

　更に、従属節の中における「〜る」と「〜た」の対立についても、寺村 (1984) では、英語では 'テンスの一致' に法則によって主節の動詞が過去形のときは従属節の動詞は現在形では使えないが、日本語では (10a,b) のように両方とも可能であることが指摘されている。

(10) a. 日本ヘ来ルトキ、友ダチガ空港マデ来テクレタ
　　 b. 日本ヘ来タトキ、友ダチガ空港マデ来テクレタ

（寺村, 1984, p. 322）

寺村の説明を借りると、(10a) の空港は外国の空港、(10b) のそれは成田

か関空ということになる。ここでの従属節内の現在形は主節の過去時点においてまだ日本に来るという出来事が完了していないことを表し、過去形は来ることが完了したことを表している。即ち、主節のタはテンスが「過去」であり、従属節の「タ」は「完了」か「未完了」かのアスペクトの弁別である。

　(8c)のムード説、すなわち、過去の事実や、過去から現在までの完了した事実の叙述ではなく、より複雑な話し手の心的状態の反映と思われる「〜た」の用法は次の(11a)から(11f)の六つに分類されている。

(11) a. 過去に実際に起こらなかったことを、起こり得たことと主張する
　　　「...もう少しおそかったら助からなかった」
　　b. 過去に実際しなかったことを、すべきであったと主張・回想する
　　　たとえば株屋さんが「アソコハ買イダッタ」
　　c. 忘れていた過去の認識を思い出す
　　　「失礼デスガ、オナマエハ何デシタカネ？」
　　d. 未然のことを、既に実現したことのように仮想して言いなす
　　　「月ガ鏡デアッタナラ...」
　　e. さし迫った要求を、既に実現したことのように言いなして表す
　　　「サアー買ッタ買ッタ」
　　f. （過去の）期待の実現を表わす
　　　「ヤッパリ来テヨカッタ」

(寺村, 1984, pp. 335-342)

(11)の「〜た」のムード説のなかで、前節の学生の仮定法に関する質問への説明の参考になるのは (11d) であろう。現在の仮想や反事実になぜ「〜た」が用いられるかについては、工藤(1997)、益岡(2000)にも説明がある。(12a,b)のような反事実の「〜た」の例文とその説明も引用しておく。

(12) a. もし僕が鳥だったなら、すぐに君のところに飛んでいくのに。
　　b. もし怪我をしていなかったら、今頃いろんなところを旅していたで

第Ⅰ部　教育実践への提言・報告

しょう。

(益岡, 2000, p. 36)

(12) のような現在の反事実について過去形が使用されることの説明には工藤 (1997) が理解しやすい：

　　過去形が表すのは、＜現在時のすぎさり＞であるとすれば、これは同時に＜現在＝現在性の消滅＞である。従って、過去という時間的意味が、リアリティーからの引き離しというモーダルな意味に転換していっても不思議ではない（工藤, 1997, p. 64）

以上、前節で取り上げた学生の誤用・質問に対応する際に参考となると思われる、日本語のテンス・アスペクトに関する先行研究の一部を紹介した。

2.2　英語のテンス・アスペクト分析

英語に関するテンス・アスペクト分析のなかで、視覚的に簡潔でわかりやすい説明に、Reichenbach (1947) の Tenses of Verbs のスキーマがある。本節に関連する「過去形」「過去完了形」「現在形」「現在完了形」の箇所を一部引用する。Reichenbach は、文の時制は次の三つの要素によって決定される複合的な構造をしているとしている。すなわち、the point of speech（発話の時点、以下 'S'）、the point of the event（出来事が起こった時点、以下 'E'）、そして、the point of reference（その発話が言及している時点、以下 'R'）である。具体例を見てみよう。

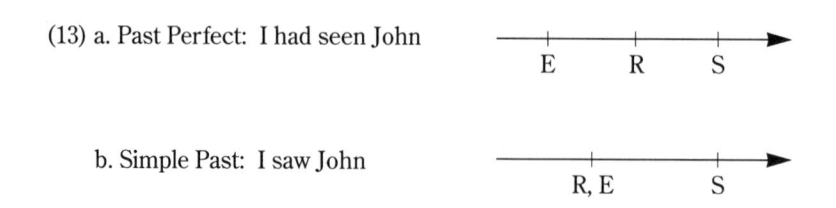

(13) a. Past Perfect: I had seen John　　E　R　S

　　 b. Simple Past: I saw John　　R, E　　S

c. Present Perfect: I have seen John　　──┼───┼─────▶
　　　　　　　　　　　　　　　　　　　　　　　　　E　　S, R

　　　d. Present: I see John　　　　　　　　　─────┼─────▶
　　　　　　　　　　　　　　　　　　　　　　　　　　S, R, E

(Reichenback, 1947, p. 290)

　このスキーマを複文構造に適用すると、英語で「時制の一致」規則は the point of reference 'R' を一致させる必要性から生じていることがわかる。

（14） I did not know that you would be here.
　　　1st clause:　R1, E1 － S
　　　2nd clause:　R2　　　－ S, E2　　　　　(Reichenback, 1947, p. 293)

(14) の英文の発話が言及している時点 'R' は「過去」である。そこで従属節も過去時点から 'you will be here' を言及することになる。そこで、この従属節 'you will be here' の R2 が主節の R1 と一致し、この文の言及時点を「過去」に据えるのである。

3．複文構造における時制の指導について

　さて、和訳・英訳指導をするにあたって、前節の先行研究を引用して、日本語文末の「〜た」には三種類あることを指摘しておくのは、今後の時制の混乱を避けるためには必要なことと思われる。単純化して、(15) のように対応させておくとわかりやすいだろう。

(15) a. 過去形の「た」：私は昨日彼に会った。　⇔　I saw him yesterday.
　　　b. 完了形の「た」：私はもう彼に会った。　⇔　I have already seen him.
　　　c. 反事実の「た」：もし私が飛べたなら、…　⇔　If I flew, ...

英語では、過去形は V-ed 形、完了形なら have(had) + done 形 のように別々の形を持っているが、日本語では過去形と完了形が両方とも「〜た」

119

で表されることを再確認しておくと理解の助けになるだろう。

　次に、学生の実例をもう一度検討し、教室での説明の提案につなげたい。
　主節の時制と従属節の時制の混乱の例 (1), (1a,b) を再掲する。

(1) The stranger asked me if I knew him. (New Horizon, p. 11)

英文(1)の意味を考えるとき、主節で「見知らぬ人が私に尋ねた」という過去の時点で、見知らぬ人は私が彼を知っているかどうかはわかっていない。すなわち、「私は彼を知っているかどうか」ということはまだ完了していないということを説明しておく。ここで、日本語の従属節は主節の時制と一致せず、完了の「〜た」も未完了の「〜る」もどちらでも表現できることを説明した上で、(1) の英文の従属節を訳す時、その「知る」ことが未完了なので、従って、日本語の従属節の動詞は過去形の「〜た」を取るのではなく、(1a) のように未完了の「〜る」をとることになるという説明ができる。

(1a) 見知らぬ人が、彼を知っているかと私に尋ねた。(New Horizon, 解説編, p. 23)
(1b) 見知らぬ人が、私が彼のことを知っていたかどうか訊ねた。(学生訳)

英文 (1) の時制をスキーマで示してみると、主節が発話時(S1) から ask した出来事(E1)を見ている言及時点(R1)も、従属節が know であるかどうか(E2) を見ている言及時点(R2)も過去である。つまり R1 と R2 は一致し、英語の時制は過去に一致する。

(16a) 1st clause: The stranger asked me
　　　　　　　　　　　　　　　　　　　R1　　　　　S1
　　　　　　　　　　　　　　　　　├────────┼────────▶
　　　　　　　　　　　　　　　　　　E1: asked

```
                                        R2         S2
2nd clause: if I knew him         ———————+——————————+——————→
                                        E2: knew
```

英文を日本語に正確に訳すなら、表面上で用いている各言語の違いにとらわれずに、その文の意味を忠実に移すように試みることである。ここでは時制を正確に訳すためには、英文と日本文の時制のスキーマを同じにすることを提案したい。(16a) の日本語訳のスキーマは、(16b) ということになる。

```
                                              R1         S1
(16b)  1st clause: 見知らぬ人が私に尋ねた  ———————+——————————+——————→
                                              E1:尋ねた
```

```
                                              R2         S2
2nd clause: 彼を知っているかどうか    ———————+——————————+——————→
                                              E2:知っている
                                              （R2 の時点で未完了）
```

参考までに、学生の訳例 (1b) の「見知らぬ人が、私が彼のことを知っていたかどうか尋ねた」のスキーマは (16c) になり、英文のスキーマ (16a) と違うことがわかる。(cf. The stranger asked me if I had known him. に対応することになる。)

```
                                              R1         S1
(16c)  1st clause: 見知らぬ人が私に尋ねた  ———————+——————————+——————→
                                              E1:尋ねた
```

```
                                              R2         S2
2nd clause: 彼を知っていたかどうか    ———————+——————————+——————→
                                              E2:知っていた
                                              （R2 の時点で完了）
```

まとめると、英語では文全体がどの時制（テンス）について言及しているかの方を明確にするとき、時制の一致という現象が起こる。一方、日本語は主節がその文の時制を明示し、従属節ではその主節の時点での出来事の有り様（アスペクト）、完了/未完了、の両方を表すことができるのである。

　現在完了形の時制表現ではもっと簡単に説明できる。例文 (3) を再掲する。

(3)　「科学者たちは物言わぬ石像の謎を解く可能性がある説明をずっと捜し求めてきました。」(Genius, p. 91)

　(3) の英訳が (3b) になってしまう原因は、「捜し求めてきました」の解釈において、「捜し求めてきまし」までは、完了の進行形であると理解し、文末の「た」のところに来て、「過去形」と理解したために、合わせて「過去完了進行形」の (3b) を作文したと推測した。

(3b) Scientist (had been looking) for possible explanation for the mystery of the silent stone men.　（学生の解答例）

ここでは「捜し求めてきました」の文末の「た」は、過去形ではなく、過去の任意の時点から現在の時点までの現在完了形の「〜た」であると説明すればよいだろう。

　最後に仮定法過去形でなぜ意味的には現在の反事実であるのに、形として過去形を持つのかについての説明を考えてみたい。仮定法過去形は動詞の過去形を用いることになっているからといった、「英語がそうなっているから」式の教え方では、学生はまた英語の文法を暗記しなければならないと感じ、英語が嫌いになる原因を増やしてしまう。高校生ぐらいの学年になると、なぜそうなっているのかを納得したいという希望がでてくる。(7b) (再掲) の質問もそういった欲求の現れであろう。

(7) If I had more money, I could buy a new car.
　　If I were you, I would tell him the truth.

(7a) もっとお金を持っていたら、新車が買えるのだけど。
　　 もし僕が君だったら、本当のことを言うだろう。

(7b) 学生の質問：「仮定法過去は現在の事実に反することの仮定、という説明なのに、訳が、「もっとお金を持っていたら、」と「た」を使うのはおかしい。同様に、「もし僕が君だったら、」も今の想像に「だった」を使ってもいいのですか？」

　これに答えるためのヒントは、前節で紹介した先行研究（工藤, 1997）の＜現在時のすぎさり＞である。現在時制で描く動作・出来事・状態は、必ず現実性（リアリティー）を伴っている。その現実性を取り除くためには、現在時制を使わないことである。未来形は未来に実現する可能性があるために使えない。そこで非現在形である過去形が用いられるようになったのであろう。過去に実際に起こったことはもちろん過去の事実として「過去形」で表現される。同時に、過去形は、＜現実性（リアリティー）の消滅＞も図ることができる、と説明されよう。また、この過去形による＜現実性（リアリティー）の消滅＞は英語でも日本語でも共通していることも指摘しておく必要がある。

4．日英語の時間表現とその文法指導のまとめ

　より実際的なコミュニケーションを図るという目標のためには、単文単位を超えて、より複雑で、しかし、より現実的な複文単位の文法指導に踏み込む必要性がある。その一環として、学生がよく混乱している日英の時制について、その指導の基盤となる説明を提案した。具体的には、
・日本語の文末の「〜た」には「過去形」「完了形」「仮定形」の三つの役割を担っていること。

・英語ではどの時点について言及しているかについてを見るとき、それが例えば過去であれば、主節と従属節の時制が過去に一致し、従属節に現在形は用いられない。一方、日本語では、過去時点を言及しているときは、主節には「過去形」が、従属節には「完了/未完了」がくるという不一致があること。
・仮定法過去形は英語でも、日本語でもその現実性（リアリティー）を消滅させるために「過去形」が用いられること。

以上の説明を教室に導入することを提案した。

（板東美智子）

Ⅰ-7　エラーの扱いと文法的基準

1. はじめに

　コミュニケーション活動の中では、学習者がおかすエラーに対して教師は寛容でなければならない。もし、学習者がいちいちエラーを指摘されるなら、彼らはやる気を失ってしまうに相違ない。コミュニケーション活動における第一の目的は意思伝達である以上、その活動中意味が伝わっていればエラーに対して大目にみる必要がある。

　そして、学習者には正しい形のインプットを多量に与えるようにし、学習者自身が正しい形に気付き, self-correctionを行うのが理想であろう。しかし、理想どおりにいかないのが現実というものであり、学習者の気付きは遅いし、なかなかself-correctionには至らないのではなかろうか。

　また、学習者は意味が伝わるのを妨げるようなエラーをおかすことが多い。Burt(1975)は、意味の伝達を不可能にしている語順や接続詞の不適切な使用をglobal errorと呼び、形態論上の局部的エラーなどの local errorと区別している。また、コミュニケーションを妨害するものとして、社会生活上の礼儀を著しく破る言語活動も存在する。

　このように、コミュニケーションを妨害するような要素については、教師は正しく指導する必要があることは当然であろう。それでは、その他のエラーについては、何もしないのがよいのであろうか。寛容な態度の必要性については前に述べたとおりであるが、教師はやはりエラーに対し自分なりの基準を持っていて指導にあたるべきであろう。例えば、頻発するエラー、固定化してしまいそうなエラー、学習者が全然気付いていないエラー等についてどうするかである。また、一口にエラーといっても、エラーには重さに程度が存在すると考えられる。本節では、この問題を中心に扱うことにする。

2. エラーには重さの差がある

　global errorは重いエラーであり、local errorは軽いエラーとする2分法で十分なのであろうか。ここでは、それらの中にも相当な差が存在することを論じたい。特に、local errorだからといって、それを一まとめにしないで、もっと細心の注意をはらうことできることを提案する。まず、次の文（1）から（20）に目を通してほしい。

(1) Please ask to Mr. Jones.

(2) I want to marry with her.

(3) Let's discuss about it.

(4) That mountain resembles to Mt. Fuji.

(5) The train had already started when I reached to the station.

(6) He wouldn't come here unless Helen accompanies.

(7) I would appreciate very much if you could assist us.

(8) She asked his father for some money, and he gave her.

(9) I like the poem so much that I have read many times.

(10) Would you mind lending a knife?

(11) I am seeing a picture on the wall.

(12) This cake is containing too much sugar.

(13) The public admires that you are brave.

(14) We all want that you join us.

(15) I want going to America next year.

(16) I object to go there.

(17) I drank the medicine.

(18) I will write a map for you.

(19) So at first teachers must challenge to approach God.

(20) Harry was dead in a plane crash.

　（これらの例文はウオーマック・三浦・鈴木『英文正誤辞典』（荒竹出版）、北島克一『誤りやすい英語表現１００題』（学書房）、リクター・細川『間違いだらけの日本英語』（英潮社）、薄井良夫『日本語にひきずられた英語表現』（学書房）、大井浩二『英語のミステイク』（創元社）などからとっ

(1)-(5)では、他動詞が自動詞のように用いられている。正しくは、(1)のto,(2)のwith,(3)のabout,(4)のto,(5)のtoが不要である。

(6)-(10)では、必要な目的語が脱落している。(6)はaccompanies himとなるべきであり、(7)はappreciate it....,(8)はgave her some,(9)はread it...,(10)はlending me a knifeとなるべきところである。

(11),(12)では、進行形にできない動詞が進行形をとっている。われわれが五感で無意識的に感じることを示す知覚動詞(feel,hear,see,smellなど)は進行形をつくることはできないので、(11)のseeingは意識的な意味をもつlooking atにでも変えなければならない（am seeingを単にseeとするも可）。

belong,consist,depend,deserve,matter,own,pleaseなどと同じく、(12)のcontainは状態を述べる動詞であるから、通例進行形では用いられない。F.R.Palmer(1965)は、知覚動詞とあわせてこれらをNon-progressive verb（非進行動詞）と呼んでいる。

(13),(14)では、that clauseをとることのない動詞に、誤ってthat clauseが共起している。(13)はThe public admires you as a brave man.とかThe public admires your bravery.となるべきであり、(14)はWe all want you to join us.となるところであろう。

(15),(16)は動名詞と不定詞の誤用例である。wantはagree,care,decide,expect,hesitate,hope,plan,pretend,refuse,seek,wishなどの動詞と同じく、その目的語として動名詞ではなくto-不定詞をとる。そこで、(15)のgoingはto goとなるべきである。一方、object toは、give up, keep onなどの熟語と同じく、その目的語として動名詞をとり、to-不定詞は受けない。そこで、(16)goはgoingとなるべきである。

(17)-(20)では、動詞とその目的語の名詞の関係がしっくりいっていない。(17)のdrank the medicineについては、『英語基本動詞辞典』（研究社）中のdrinkについての説明の一節を引用する。

「「（液体）を飲む」という意味で自動詞、他動詞として一般に用いられる。スープの場合、カップなどから「吸う」ときはdrinkでよいが、スプ

ーンなどを用いて皿から「飲む」ときはeatを用いる。同じ「飲む」でも、「薬を飲む」「食物を飲み込む」などの意では用いられない。」

　補充すれば、「薬を飲む」はtake、「食物を飲み込む」ときは swallow が用いられる。drinkの目的語は「何らかの液体」でなければならないとして、R.A.Jacobs & P.S.Rosenbaum(1971)は、次の(21)は正しいが、(22)はとても奇妙であると述べている。

　　(21) A strange combination of goat's milk and apple cider was drunk by the guest.

　　(22) The principles of gravity was drunk by the guests.

　(18)のwrite a mapについても、『英語基本動詞辞典』のdrawについての説明の一節を引用する。

　「writeは文字、記号などを物の表面に記すること、および文字、記号を用いて何らかの考えを表すこと。word,letter,number,name,song,book,novel,note,speechなどを目的語にとる。一方、drawは、鉛筆、ペンなどで物の表面に線を引くこと、および線で物体を描くこと。line,circle,triangle,square,map,sketch,graph,pictureなどを目的語にとる。」

　(19)のchallengeについてであるが、この単語はよく「...に挑戦する」と訳される。最近の日本語における「挑戦」の意味として「努力して何かの目標をめざすこと」があるようである。なんとなく、建設的で肯定的な含みが感じられる。さて、それでは英語におけるchallengeの含意は何であろうか。

　　次に、『講談社英和辞典』(第2版)より引用する
　1　に挑戦する、（人に）...してみろといどむ
　2　に謝罪を要求する
　3　誰何する
　4　（正しさ・価値などを）疑う、論議する
　5　《法》（陪審員・陳述に）異議を申し立てる、忌避する、（証拠などの）信ぴょう性を疑問にする、拒否する
　6　《米》（投票・投票資格に）異議を申し立てる

7　あえて求める、に耐えうる、に抵抗しうる
8　(感嘆、批判を) 引き起こす、招く

　*COD*によるchallengeの定義の中には、take exception to,dispute, denyなどがでているし、*OED*にはfind fault with,reprove,object toなど、*LDCE*にはquestion the lawfulness or rightness of someone or somethingなどの説明がある。以上のことから、英語の中では、challengeが有している含意は「否定的で、懐疑的で、反抗的」であると言える。ここでは、challengeではなくtryぐらいを用いるべきであろう。

　(20)におけるdeadについては、『ユニオン英和辞典』(研究社、第2版)のkillの項の「類義語」の記述が解答を与えてくれる。

kill　最も一般的な語で、人間、動植物だけでなく、無生物についても比喩的に用いられる。事故、災害、戦争などで死ぬ場合にはdieよりbe killed in...の形を使うことが多い。
murder　計画的にまたは残虐な手段で人を殺すこと。
assassinate　政治的な暗殺をすること。
slay　(文語)としてkillと同意であるが、新聞英語ではslainという過去分詞の形で見出しによく用いられる。

　飛行機事故で死ぬ場合を、病気や自殺で死ぬ場合と比較してみると、前者では被害者の意思や責任などは一切無視されているという相違が浮かんでくる。つまり、「有無をいわさずに死に至らしめられる」という感じであり、やはりbe killedが該当している。
　J.D.McCawley(1968)によれば、killとはcause someone or something to dieのことであり、結局、CAUSE-BECOME-NOT-ALIVEというfeatureが1つにまとまったものだという。
　以上で、日本人英語学習者がおかしやすいエラー20例についての解説を一応終わる。

3. エラーにどう比重をつけるか

上に挙げたようなエラーの扱いをどうすればよいのかについてヒントを与えてくれるのが、Chmsky(1965)の次の分類である。変形文法における語彙項目は統語素性、意味素性、音韻素性に関して、その項目特有のすべてを含んだものとされる。そのうち、統語素性について次に図示する。

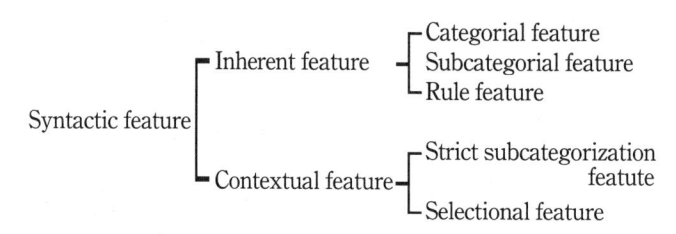

```
                          ┌─ Categorial feature
            ┌─ Inherent feature ─┤─ Subcategorial feature
            │                    └─ Rule feature
Syntactic feature
            │                       ┌─ Strict subcategorization
            └─ Contextual feature ──┤                    featute
                                    └─ Selectional feature
```

範疇素性（Categorial feature）では、例えばboyは＋Nであり、－Vであるなどのように、各構成素が属する語彙範疇を表す。

下位範疇素性（Subcategorial feature）では、範疇素性で見た素性の細分化がなされる。例えば、名詞について図示すれば次のようになる。

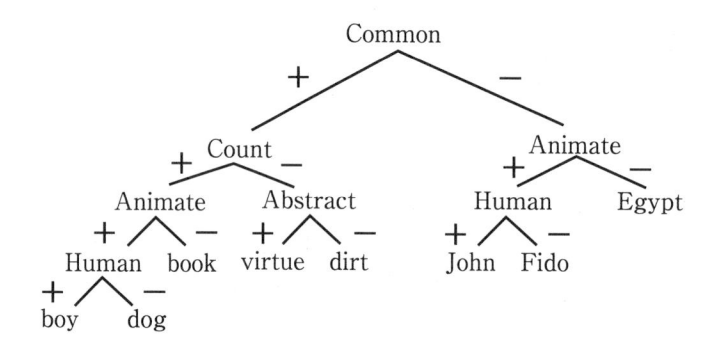

```
                    Common
                  +/      \-
            Count              Animate
          +/    \-           +/      \-
     Animate   Abstract    Human      Egypt
     +/  \-   +/  \-      +/  \-
  Human  book virtue dirt John  Fido
  +/ \-
 boy  dog
```

規則素性（Rule feature）は変形規則との関係で必要とされるもので、例えば、目的語削除変形を受ける動詞に、〔＋Obj Del〕を与えるものなどである。

厳密下位範疇化素性(Strict subcategorization feature)では、例えば、seemの次に形容詞がくることを、seemには〔＋__Adj〕という素性があるというように示すものなどである。

選択素性(Selectional feature)では、例えば、surpriseの目的語は動物であることを、surpriseには〔+ ＿〔+ Animate〕〕という素性があるなどのように示すものである。また、speakの主語としては人間しかこないので、speakには〔+〔Human〕＿〕の素性があるというように示す。

4. おわりに

エラーに比重をつけるという観点からこのChomskyの分類を利用する。もし、1番目の範疇素性が守られていないようなエラーなら、それは品詞分類が無茶苦茶ということになり、明らかにglobal errorである。その次の下位範疇素性を破るものは、妙な意味で各品詞を扱うことになり、エラーの比重は相当に大きいものである。

その次の規則素性を破るものは、その単語の文法的特性が分かっていないことになり、相当不自然な英語表現であるということになる。上で挙げた文(1)-(5),(6)-(10),(11)と(12)は、それぞれ別の要因ではあるが、この規則を破っている。

その次の厳密下位範疇化素性を破るものは、文法的に前後の語との関係が少しおかしいということになり、上で挙げたエラーでは文(13)と(14),文(15)と(16)がこれに相当している。

最後の選択素性を破るものは、それぞれの単語が備えている特性や含意に反するものであり、上のエラーでは文(17)-(20)がこれに相当する。以上検討したように、エラーの比重の観点からすると上記の例文は重い方のエラーから始めて軽いエラーで終わっていることになる、

そこで、エラーへの対処としては、学習者ができるだけ重いエラーを避けるように指導すべきということであろう。

本章では、学習者がおかすエラーに比重をつけるための基準が *Aspects* (1965)に提示されていることを論じた。直接的な文法指導法の提案にはならなかったが、エラーを扱う際に教師が持つべき基準となる文法の考え方を提示することができた。これも、広い意味では文法指導につながると考えることができよう。

（太田垣正義）

Ⅰ-8　学習困難点と文法指導

1．はじめに

　本校は、市内の普通科として上級学校への進学を目指す生徒と就職・専門学校を進路に選択する生徒が混在している高校である。今年から高校2年生を担当することになり、まず生徒が英語のどこにつまずいているかを見極めることにした。

　まず、生徒が何を理解して、どの部分に問題を抱えているかを分析することから始めた。その手順として、アンケート、生徒との面談、英語科担当の4名の先生へのインタビューを通して困難点を調査した。次にその解決策を具体的に授業で実践していくことにした。最後に、その実践方法・手順が結果として成果あるものだったかの検証をすることにした。

2．生徒のつまずき

　1学期の中間考査の分析、4月当初のアンケート集約及び授業担当の先生との面談から生徒が学習する際に、困難と思っている分野が見えてきた。整理すると以下にまとめられる。
　①発音を苦手としている。
　②品詞の区別（特に形容詞と副詞の区別）ができていない。
　③5文型の理解・定着ができていない。
　④動詞の自動詞と他動詞を区別し、使用することが苦手だ。
　⑤動詞の時制と相の使い方が整理できていない。
　⑥英作文ができない。

3．つまずき克服のための実践可能な指導

　生徒のつまずきを克服する取り組みを以下の項目に分けて実践していく

ことにした。
（1）音声指導に文強勢指導を導入することで、英語のリズムで発音できるようにする。
（2）基本文を導入し、英文チェックの基準をつくる。
（3）5文型、自動詞と他動詞の区別、時制と相の使い方に談話文法的視点を取り入れる。
（4）自由英作文を段階的に組み入れる。
（5）コミュニケーション重視の教材を作成する。

3.1　音声指導と文法指導

発音と文法は、独立していて関係は薄いと生徒は思っているようだが実はそれらは密接に関係しており、文脈の中で生き生きと繋がっている。特にストレスと文法は法則性が分かりやすく指導しやすい。

(a)　単語レベルでのストレス指導
(b)　文レベルでのストレス指導

発音指導では、単語レベルでの発音はよく行われているが、文レベルでの指導はあまりなされていない。本実践では、文レベルのストレス指導を5段階に分けて体系的に実践している。

①強音の指導
②弱音の指導
③リズムの指導
④強音を時間的に等間隔で発音する指導
⑤発話の中で何が対比されるかの指導

3.2　基本文を導入し、英文チェックの基準をつくる

「いる／ある」の区別は何か、と聞かれれば日本語を母語とする人たちは、それらを含んだ例文を頭に思い浮かべて、その違いを説明することができる。
（1）大学生の中には、朝食を食べないで一日を過ごす人が<u>いる</u>。
（2）この文章には漢字の間違いが2つ<u>ある</u>。

同じように「それほど」「このようにして」「30分で」を使って、意味の通じる日本文を作りなさい、と我々日本人が指示された場合、自由に私たちは文を作ることができる。それは、それらの語句を使った文を状況と一緒に覚えているからだ。例を挙げてみよう。

（3）オリンピックで金メダルを取った選手の話を先日、聞く機会があったが、<u>それほど</u>面白くはなかった。

（4）イアン・ソープは毎朝4時に起きて、水泳の早朝練習を続けた。<u>このようにして</u>彼は水泳の力をめきめきとつけていった。

（5）この飛行機は後<u>30分</u>で、成田空港に到着します。

それに反し、外国語として英語を学習している環境にいる英語学習者は、必要な例文が頭に浮かばないことがよくある。例えば、以下の2つの違いを説明するのに、和訳を与えても効果は低い。

(6) How do you like it?

(7) Do you like it?

生徒に理解させようとするとき、和訳による説明より、次のような2つの対話文を示して解説する方が説得力がある。

(7a) How do you like it?　── Oh, that's what I've wanted. Thank you so much.

(7b) Do you like it?　　── Yes, I do.

では、高校生に英語でオリジナルの英文を作るように指導するとなるとどうなるか。英語が母語でない彼らはどこから手をつけてよいか途方に暮れるのが本校の生徒の状況であった。そこで基本文を導入する際に段階を追って指導する方法で実践していった。*Let's practice sentence stress.* の英文をストレス指導と一緒に実践していった。例を挙げておこう。

(a) I will study English in London next year.

(b) He kept the door closed all day.

(c) They eat bread for breakfast.

(d) Don't put your head out of the window.

(e) When does your summer vacation begin?

(f) Someone was knocking at the door.

(g) I've lost my wallet somewhere.

(h) My father took me by the arm.

3.2.1　基本文には、固定表現と自由変更可能部分がある

　基本文は、型にはまっている部分と作者が自由に変更してよい部分がある。例えば、「朝食に」という表現はfor breakfastと決まった言い方しか存在しない。しかし、「朝食に」何を食べるかは人によって異なる訳で、その結果、無限の英文ができる。また、「朝食に」という英語表現を知っていれば、「昼食に」「夕食に」も同じような表現であるため、類推を生徒は働かせて比較的容易にそれらを運用できるようになる。下にその例文を挙げてみる。

(i) What are you going to eat for dinner tonight?

3.2.2　基本文で5文型を意識させる

　日本文からいきなり英文を作ろうとしても、それ程単純に英文はできない。しかし、英語は決まった文型、構文で使われることが多いということを意識すると、自分の表現したいことが英語に直しやすくなる。例えば、keepは(b)のような文で使うということを知っていることが必要である。(b1)が不適切だということは理屈ではない。

(b) He <u>kept</u> the door <u>closed</u> all day.

(b1) He <u>kept closed</u> the door all day.(error)

3.2.3　いつ、どんな状況で、どんな時制、相を使うかが分かる

　3.5の章で扱うが、現在進行形、現在完了形は単独でその使い方を教えても生徒にはなかなか定着しない。談話の流れの中で扱うのがより効果的だと分かった。その前段階として、進行形・完了形等の作り方、実際の英語がどんな例文になるかを基本文で言えるようになっていないと定着率が低くなる。

(f) Someone was knocking at the door.

　上の文を単独で教えても文脈が無いので、生徒はただ「フーン、誰かがドアをノックしたのか」としか思わず、和訳を知った満足があるだけでこ

の文を覚えようという気力はそがれる。基本文を習得する過程ではそれでも良しとする心の大きさが必要だと筆者は考える。この基本文を一度扱い、次の段階で、文脈を与え、さらに談話文法的視点を入れると進行形がどうしてその文脈で使われたのかの意義・理由が分かってくる。

3.2.4 談話文法的視点を取り入れる

5文型、自動詞と他動詞の区別、形容詞と副詞の区別は、それらを分析できることが最終目標ではない。教室から離れた場面で英語を使用することが少ない生徒に英語の表現を定着させるには、それらがどのような文脈で使われるのかを示すことが意義ある指導法だと考える。

3.2.5 5文型を意識させる

SVOCで5文型を理解していこうとするとき、2つの問題点が見えてくる。1つは修飾語句のM、または副詞句のAをO、Cと混同する点。もう1つは、SVO文型の文をSVOO文型に書き換えるといった問題をさせるとこれらの英文が伝達機能面でも同じ意味だと勘違いする点だ。

(8) Please pass me the salt.
(9) Please pass the salt to me.
(8a) 例えば砂糖ではなく、『塩を取ってください』という意味になる。
(9a) 例えば山田君ではなく、『私に取ってください』という意味になる。

当然、これら2つには背景(文脈)があり、発話する本人はどちらがその背景にふさわしいかが判断できる訳だが、「塩を取ってください」には2つの英語があるよ、とだけ説明したのではこれらが身についたことにはならない（田鍋、2002）。まして、書き換えでSVO文型の文はSVOO文型になるよ、と教えることには疑問点が残る。

また、5文型を理解していないと、下の2文の違いが理解できない。ここでは、〔me, taxi〕〔me, Dave〕が同じものを指しているのか、違うものを指しているのかという区別ができないため、生徒の頭は混乱をきたしてしまう。

(10a) Please call me a taxi.
(10b) Please call me Dave.
(10A) どうか私にタクシーを一台呼んで下さい。
(10B) どうか私をデイヴと呼んで下さい。

しかし、2文比較だけで終わるのではなく、その文が使用される状況(背景)を持った一節(passage)をつけると理解はさらに深く、明確になる。

(例1) Please call me a taxi.

　　Good-bye, folks. I really had a good time with you tonight. Tonight's party was excellent, but I've got to go now. Please call me a taxi. Have a nice weekend. So long.

〔夕食会が終わりに近づき、帰りのタクシーを呼ぶ状況が伝わってくる。〕

(例2) Please call me Dave.

　A: Hi, nice to meet you. My name is Suzuki Ichiro. May I have your name, please?
　B: Oh, hello. My name is David William. But I have a nickname. So, please call me Dave. I'll tell you why I am called Dave.

〔二人が出会い、自己紹介が行われ、それぞれの呼び名が確認される状況が理解できる。〕

このような状況は教材の中にはなく、教える教師側が自分のオリジナルの一節を創作する必要がある。最初はこのような独自な教材づくりは苦痛かもしれないが、ALTの協力を得て、それぞれの知恵を持ち寄ることにより、生徒の興味をそそるものを作り出すことが可能となる。

3.2.6　自動詞と他動詞の区別

「犬を飼う」「学校へ(に)行く」を英語で表すとそれぞれkeep a dog, go to school となり、日本語訳をすると他動詞には「を」、自動詞には「へ(に)」がつく、となりそうだが実際はそれ程単純ではない。I like soccer.は「サッカーが好きだ」となり日本語にすると「が」がつく。また、実際に動詞が英文で使えるレベルにまで達していないと(11c)の英文が、なぜ不適切なのかが判断できない。

(11a) That is my aunt's house. I used to go there in my childhood.

(11b) That is my aunt's house where I used to go in my childhood.

(11c) ＊That is my aunt's house which I used to go in my childhood.

また、「ジャズを聴く」というのを listen to jazz music とせずに、listen jazz music と書く生徒が意外に多くいるが、その理由は動詞が自動詞と他動詞の2つに分かれるという観点が無いからだと言える。そういった生徒は、be動詞と一般動詞は違うという基準はあっても一般動詞がこのように2つに分かれ、それぞれ別の機能を持っているということを意識できない。これを談話文法的視点で取り組んでみる。

(例3)日本語を参考にして、(1)〜(10)に適する動詞を入れなさい。

A: Hi, Ichiro. Do you (1) any plan during this summer holidays?

B: Well, yes, George. I am going to (2) my grandparents' home during Bon period. I am looking forward to (3) them and (4) the Bon festival then. I can (5) fireworks there, too. Have you ever (6) Japanese fireworks at night during the summer time?

A: When will you (7) your grandparents' home? (8) me the dates of Bon festival.

B: Sure. It (9) on August 13 and it (10) three days.

(1) この夏、何か計画が<u>あり</u>ますか。　　（⇒ have　　）
(2) 祖父母の家に<u>行く</u>つもりです。　　　（⇒ visit / call at）
(3) 祖父母に<u>会う</u>のが楽しみです。　　　（⇒ seeing　　）
(4) お祭りも<u>楽しみです</u>。　　　　　　　（⇒ enjoying　）
(5) 花火を<u>見る</u>こともできます。　　　　（⇒ look at　）
(6) 日本の花火を<u>見た</u>ことがありますか。（⇒ seen　　）
(7) いつ祖父母の家に<u>行き</u>ますか。　　　（⇒ go to / visit）
(8) お盆の日程を<u>教えて</u>下さい。　　　　（⇒ Tell　　）
(9) 8月13日に<u>始まり</u>ます。　　　　　　（⇒ starts　　）
(10)お盆は3日間<u>続き</u>ます。　　　　　　（⇒ lasts　　）

動詞の部分だけに焦点を当てて、適するものを考えさせるとその部分に入る答が自動詞と他動詞のどちらでも良い場合があることが分かる。但し、そこにはコロケーションという法則が働いている。日本語に相当する英語

表現が1対1対応しているのではなく、その状況によって決定されるということを意識させる意味でもこのような文脈を使った一節を考えることを提案する。

3.3 形容詞と副詞の区別

比較を教える時、as〜asの中には形容詞か副詞の原級が入ると教える。

しかし、この法則を理解して生徒が使いこなせるようになるには予想以上に時間がかかる。1つには、(12)(13)ではas〜asの中に1つの単語しか入っていないが(14)ではCDsという名詞が入っているためas〜asの中に名詞を入れることもできると生徒が誤解してしまうからだ。

(12) Japan is one fifth as large as Mexico.

(13) An elephant cannot run as fast as a lion.

(14) My friend has twice as many CDs as I have.

日本語では形容詞は1語で用言の働きをもつ。しかし、英語ではbe動詞と一緒になって初めて用言の機能を果たす。日本語からの類推がこの場合、形容詞の理解を妨げる要因として働いてしまう。

(15) そのサッカー選手は、とてもハンサムだ。

(15a) ＊The soccer player ＿＿＿ very handsome.(unacceptable)

(15a)のような、be動詞のない英文を書く生徒が多いのはこれらが原因だと思われる。さらに、形は同じでも文の中の位置で形容詞、副詞のどちらかに決まるという場合がある。これらを勘違いして生徒は形容詞と副詞の区別ができなくなることもある。

(16) Bill studies French very <u>hard</u>.

(17) This math problem is too <u>hard</u> for me.

一目で形容詞、副詞と分かる単語は問題ないが、中には形だけでは区別しにくいものがある。形容詞と副詞が同じ形のもの(enough, hard, high, late, early, fast, etc.)は、文の構造からどちらかを判断するしかない。否定の意味を含む副詞は生徒が文意を理解する上で困難をきたすものの1つだ。seldom, hardly, rarely, scarcelyが否定の意味だということを理解するまで時間がかかる。形容詞に -lyがつくと副詞になるという法則と、否定表現にはnot, neverがなくても否定の意味があるということは生徒にとっ

て理解するまで時間がかかるようだ。

頻度を表す副詞を教える試みとしてTeam‐Teachingの授業で以下の取り組みをした。(18)の空欄に(a)～(f)の頻度を表す副詞を入れて、質問文を作り、それに対する答を生徒に考えさせる。

(18) What do you (　) do?

(a) Always 　　　⇒ 7 days a week
(b) Usually 　　　⇒ 6 days a week
(c) Often 　　　　⇒ 5 days a week
(d) Sometimes 　⇒ 2 or 3 days a week
(e) Seldom 　　　⇒ 0 or 1 day a week
(f) Never 　　　　⇒ no day a week

(例4)

A: What do you <u>always</u> eat for breakfast on Sundays?

B: I <u>always</u> eat bread (for breakfast on Sundays).

(例5)

A: What do you <u>sometimes</u> do on weekend?

B: I <u>sometimes</u> visit CD shops (to see or buy new CDs).

(例6)

A: What do you <u>seldom</u> do with your free time?

B: (I like fishing. So, I go fishing in the sea but) I <u>seldom</u> go fishing in the river.

このように、質問文を限定し、生徒が答えやすい配慮をすると多様性に富み、生き生きとした英語表現がでてくる。生徒が発言する英語には文法ミスや表現不足があるが、そこは教師がカバーして、黒板に板書する英文は完成したものを提示してやる。

3.4　自由英作文を段階的に組み入れる

自らが発信する英語学習をするように生徒に意識させれば、生徒のつまずきは急速に解消されると考える。というのは、自分が作った英文には自分の思い、意図が含まれているからだ。生徒が徐々に英作できるように4つの段階を設定して実践している。

①熟語を指定して、その中から好きなものを3つ選び、自分独自の英文を完成させる。
②テーマを複数与え、その中から好きなものを1つ選び、自分独自の英文を完成させる。
③ある例文と接続詞を与え、それを使って自分の意見を書いていく。
④場面設定をし、ある書き出しに続けて、自分の意見(理論)を書いていく。

(1a) 下の5つの英語表現から3つを選び、自分独自の英文を作りなさい。
〔at the sight of / according to / those who / not A but B / take care of〕

(2a) 下の3つのテーマから1つを選び、そのテーマに沿って自分独自の英文を作りなさい。但し、英文は4文以上とする。
〔My best friend / My routine / My treasure〕

(3a) 下線部に自由英作文を書きなさい。
・Many people enjoyed soccer this June. Japanese national team did really good job in World Cup. However, ＿＿＿＿＿．
・My friend traveled to Canada last month. She sent me a postal card. She says in the card that she wants to live there. However, ＿＿＿＿＿．

(4a) 下線部に自由英作文を書きなさい。
A: What second language do you study in Japan?
B: Oh, I study English.
A: I see. Do you think it's important to study a foreign language?
B: Yes, of course. Because ＿＿＿＿＿．

自由英作文を指導する上で英語科の教師集団が共通に留意していることがある。それは、英文を書こうとする生徒の意欲を失わせないことだ。

スペリングミス、細かい部分の文法ミスは減点せずに、論理展開の一貫性の有無をチェックするようにしている。例えば、「私の親友はサッカーだ。でも私はサッカーが嫌いだ。」これでは一貫した論理は見えない。しかし、「私の親友はサッカーだ。サッカーの練習は時としてつらい。そんな時はサッカーが嫌いになる...」これなら論理の展開が極めて自然で一貫性がある。

3.5 コミュニケーション重視の教材を作成する

　文が生き生きとするには、その文が発話される文脈があり、背景を思い浮かべることが要求される。例えば、下の2つの英文を教えるとき、和訳を生徒が理解しただけで良しとするのと、その背景まで理解させるのとでは、理解の深さ・定着の度合い・英語を使おうとする意欲において大きな差異が生じると考えられる。

　(f) Someone was knocking at the door.

　(g) I've lost my wallet somewhere.

3.5.1　動詞の時制と相に着目した実践

　動詞の時制、相は意外と生徒は使い分けに苦労している。現在形と進行形、現在形と現在完了、現在形と未来形、過去形と現在完了を学習するとき、個々の項目で学習してもそれを文脈の中で吟味する練習を積み重ねていないために使い分けができない生徒が多い。以下に4つの対比的な例を挙げておく。これは柳井(1998)が言う、「やり取り、事実、楽しさ」の3つのものさしを活用した実践例である。

　(例7) A: Hi, hello. Can I sit here? Is this seat taken?

　　　　B: Oh, I'm sorry. This is for my friend. She <u>is coming</u> now.

　(例8) A: What are you doing here at this airport?

　　　　B: I <u>have missed</u> my plane. It <u>has just departed</u>, so I have to wait for the next one for two hours.

　(例9) A: Are you on a diet?

　　　　B: Well, yes. I <u>will</u> lose my weight at least 5 kilos in three months.

　(例10) A: Hey, guys. Did you get good marks on math?

　　　　 B: No, I'm afraid. It was so miserable. I <u>have decided</u> to spend one hour on math every day.

　(例11) <u>Someone was knocking at the door.</u>

　　　　It was 20 years ago that I lived alone in an old house in the countryside in London. The rent was about half the price and the life there was perfect except one problem. Whenever I began to go to bed, I heard some knocks. "Is anyone there?" I said.

　　　There was always no answer. I opened the door as quickly as possible, but no one was there. After one month, I moved to another flat in Central London. I was still sure that <u>someone was knocking at the door</u>.

このように作文したものを読解させる中で『恐怖』シーンが体験できる。それに反し、この部分を過去形のknockedで表現してもほとんど『恐ろしさ』は伝わってこない。

(例12) <u>I've lost my wallet somewhere</u>.

　　　I like to travel abroad. The other day, I came back home from Hong Kong. The journey was great. I enjoyed sightseeing and shopping. When I bought lots of souvenirs for my friends and tried to pay for them, my wallet was gone. "<u>I've lost my wallet somewhere</u>."

この一節から『財布を無くして本当に困ってしまった』という気持ちが伝わってくる。過去の事実だけを伝える表現のI lost my wallet somewhere. ではこの気持ちは伝わってこない。文法とは、自転車に乗るコツみたいなもので、そのコツが飲み込めた人は意識をせずに自転車に乗れる。一旦、自転車に乗れるようになった人は、自転車に乗っているとき、意識して自転車のバランスをとったりはせずに「どこに行こうかな」といったことを考えている（『出来たら忘れる国生』2002）。

4．成果と今後の課題

　4月の実力考査、1学期の中間考査と期末考査の平均点の推移から判断してみる。私が担当したクラスは2年生の2クラス(2-1と2-4)だ。特に顕著な効果は自由英作文の取り組みに見られた。自由英作文だけの正解率を比較してみると2-1(65.3％⇒72.6％)、2-4(60.5％⇒73.1％)と回を重ねるにつれて生徒の出来率が上昇している。

　発音と文法指導は、今年の4月から開始し、5段階のうち第2段階を実践したところだ。2年間かけて実践する計画なのでその最終的成果はまだ下せない。

　生徒の学習困難点を項目別に整理し、談話文法的視点で授業実践をしてきた。生徒の中には英語を学習して何の得になるの、何故（日本語以外の

言語である）英語を勉強しないといけないの、さらには何故勉強をしないといけないの、という疑問をもっている者がいて、学習の必要性を訴えるのが難しい昨今である。今役に立つことを求める生徒に対して「今役に立つことは今しか役に立たないことがある」という発想で粘り強く指導をしているところである。

（多田宣興）

第Ⅱ部

基盤となる考え方

II-1　コミュニケーション観と文法指導

1. はじめに

　1970年代から現在までの約30年間は、第2言語教育界ではCommunicative Language Teaching（以下CLTと略記）が盛んに叫ばれ、それまでの行動科学と構造主義に基づいたオーディオリンガル法や、文法訳読式教授法から脱却するための試行錯誤の時代であった。この間、CLTという用語は次第に日本の英語教育界に定着したようであるが、その概念を正確に述べることは容易ではない。実際にCLTの歴史的な変遷（e.g. 山森, 1999）を振り返ると、そのときどきに主流とされた言語観、言語教育観、学習観などに影響を受け、その表面的な形態に加え、より深層にある理念までもが変化してきていることが分かる。また国や地域により、あるいは英語教育に携わる教師や研究者により、CLTに対する解釈はさまざまである。しかし、どのようなCLTの解釈や実践がなされるにしても、その中で文法指導の意義が完全に否定されることはなかった。ただし、その意味や位置づけはCLTの内実とともに変化してきている。

　そこで、本稿では、CLTの歴史的変遷を先行研究をもとに概観することを通して、文法指導がその中でどのように位置づけられてきたのかを整理する。そして、CLTにおける文法指導の今日的意味合いを探る。

2. Communicative Language Teachingとは

　1970年代初頭よりCLTが提唱され、英語教育の計画、実行、評価の側面に多大な影響を与えるようになった（Kumaravadivelu, 1993, p.12）。このCLTは、Chomskyのlinguistic competenceに意図的に対抗し、1960年代半ばより次第に受け入れられるようになった社会的な言語観に立脚したcommunicative competence（Hymes, 1972）と、1970年代に開発された

第Ⅱ部　基盤となる考え方

様々な教授法（The Silent Way, Community Language Learning, Suggestopaedia, etc.）やシラバスデザイン（e.g. Threshold Level）、個人あるいは人間としての学習者観、第2言語学習に関する研究など、それまでの様々な潮流が集約され、1980年代初期に言語教授における新しい考えとして現れた（Stern, 1983, p.111）。このようにCLTでは言語学、心理学、哲学、社会学、教育研究を包括する学際的な観点に立ち、コミュニカティブな状況に学習者を参加させることにより第2言語の機能的能力の発達を促すプログラムや教授法を開発・実施することに焦点が当てられる（Savignon, 1990, p.210; 1991, p.265）。しかし、幅広い学問領域による知見から生まれたためか、CLTは言語教育者・研究者によりさまざまに解釈されてきた。Savignon(1984, p.v)によれば、ある者には機能シラバスや概念・機能志向の教材を使用することを意味し、またある者には、人道主義的な学習者中心の教授スタイル観に立ち、コース内容の決定に学習者が参加することを意味した。その他CLTは既習の文法構造を使用する機会を学習者に与えるための小集団活動、ロールプレイ、ゲームを含むオーディオリンガル法の拡大版としてみなされることもあった。また、Nattinger(1984, p.391)は、CLTの実践にみられる多様性のなかにも次のような共通点が見られるとしている。

①教授のいずれの段階においても目標はコミュニケーション能力の育成である。
②言語使用者と環境の間の相互交渉がすべての学習活動の主目的である。
③言語使用の過程、すなわち意味形成や意味交渉の方略が最も重視される。

さらに、Williams(1995)は、CLTクラスにおいて強調されている特徴として、次の項目を挙げている。

①オーセンティシティ
②生徒間、教師との意味交渉を促すタスク
③コミュニケーション
④言語形式指導の最小限化（誤り訂正の欠如、明示的文法指導がほとんどない）
⑤自律的学習や学習者による学習内容の選択　　　　　　　　　　　　　　など

いずれにせよCLTの特徴に関する統一見解はなく、研究者により様々なCLT観が存在しているといえよう。そこで山森（1999）ではこのようなCLTの概念の曖昧性を整理すべく、次のようにCLTの特徴を捉えた。

　極端な一般化を恐れずに述べるならば、第2言語教育における様々な教授法は、言語の「意味的側面」を重視しているか、また、学習活動（あるいは言語活動・タスク）を重視しているか、さらに、言語の形式的側面を重視しているか、により表1のような類型化ができる。CLTは特に言語の「意味的側面」を重視した教授法としてまとめてしまうことが可能である。

【表1. 英語教授法の類型とCLT】

意味重視	形式重視	活動重視	教授法の例	
○	○	○	Task-Based LT	Communicative Language Teaching (CLT)
○	○	—	統合型シラバス	
○	—	○	学習者中心シラバス	
○	—	—	概念・機能シラバス	
—	○	○	オーディオリンガル法	
—	○	—	文法訳読式法	
—	—	○	Total Physical Response	
—	—	—		

そして、表1の特に「形式」と「活動」を2つの軸とし、両者を掛け合わすことで体系的にCLTの4つの具現形を示した（次頁図1参照）。これらの具現形は時代時代を代表するCLTの特徴を示しており、それぞれのCLTが重視された時期を「①言語機能の重視期（70年代）」「②文法・機能の統合期（80年代）」「③教授・学習過程の重視期（80年代）」「④言語形式の再考期（90年代）」と名付けた。以下では、それぞれの時期のCLTにおいて文法指導がどのように位置づけられてきたか概観する[1]。

```
      ③教授・学習過      活動重視      ④言語形式の
        程の重視期        ↑            再考期
        ('80年代) ----------→         ('90年代)
                          │              ↑
                          │              ┊
                          │              ┊
                          ├──────────────→ 形式重視
                          │              ↑
                          │              ┊
      ①言語機能の         │            ②文法・機能
        重視期    ----------→           の統合期
        ('70年代)                        ('80年代)
```

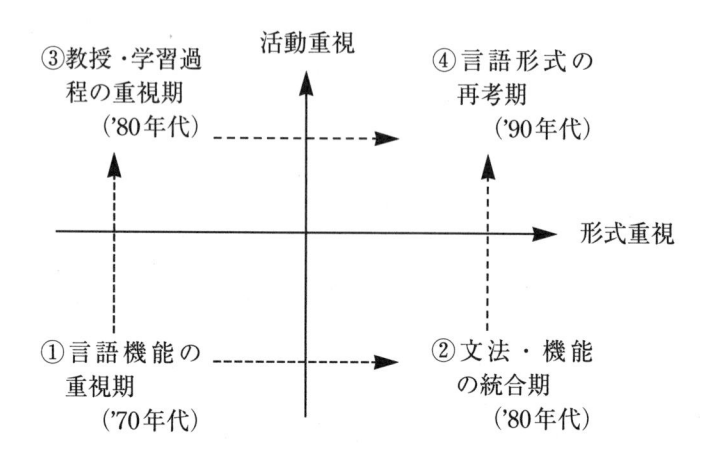

【図1. CLT形態の推移】

3. Communicative Language Teaching の歴史的変遷と文法指導
3.1 1970年代のCLT －言語機能の重視期－

　CLTの原初的形態はイギリスにおいて「概念・機能シラバス」という形で現れた。この概念・機能シラバスでは、学習者の言語使用（言語規則ではなく、学習者の発話行為や、ある社会状況において学習者が言語を通して達成する目的などの言語の社会的機能、あるいは言語のもつ概念 (Breen, 1987a, p.88)）に基づき言語知識が再定義、項目化されている。このシラバスは、Wilkins(1976)やMunby(1978)により理論的な枠組みが提示され、van Ek(1975)によりThreshold Levelとして具体化された（伊東他, 1993, p.78)。

　概念・機能シラバス以前の文法シラバスでは、言語形式はそれが表す意味と1対1の関係にあると捉えられていた（Wilkins, 1976, p.9)。しかし、この時期のCLTである概念・機能シラバスでは、形式的側面ではなく、文脈の中で話者が伝達しようとする意図、すなわち意味的側面が重視され、それを表す言語形式が状況に応じて複数存在すると考えられるようになった。このような言語の意味的側面に焦点をあてた概念・機能シラバスの登場により、伝達される意味がシラバスの主要構成単位となり、文法は言語

材料の選定・配列やコースデザインにおいて「副次的なもの（secondary）」（Wilkins, 1976, p.2)、あるいは「補助的なもの（auxiliary）」（Widdowson, 1978, p.20) として扱われるようになる。

3.2　1980年代のCLT (1)－文法・機能の統合期－

　Harmer(1982)はcommunicativeとnon-communicativeの両極端のみが存在するのではなく、それらを両極に据えた連続帯上に様々な可能性が存在するとし、シラバスデザインやコースデザインの際には、そのどちらかではなく、そのバランスを考慮することが重要であるとしている。このような理念が具現化されたものとして、Brumfit(1980)は、文法構造を核におき、その周囲に螺旋的に概念・機能・場面を絡ませたシラバスを提案した。またAllen(1983)は、言語学習を構造レベル・機能レベル・経験レベルに階層化し、学習者の熟達に応じて階層を登る単線型の統合カリキュラム（linear version）と、レベルに応じて構造・機能・経験のうちのいずれかが強調される反面、その他2つのレベルが補助的な役割を果たす相補型の統合カリキュラム（cyclical version）を提示している。その他、言語形式と言語機能それぞれの学習に費やされる時間の割合を学習段階に応じて変えるYalden(1983; 1987)のシラバス（Proportional Syllabus)、さらに包括的に、文化シラバスを含む4つのシラバスを統合したStern(1983; 1992)の多次元的シラバス（multidimensional curriculum）など、様々な形態の統合型シラバスが考案された。

　この時期の言語観はCanale(1983)の伝達能力を構成する複数の下位能力に代表されるように一層複雑なものとなり、文法能力も伝達能力を構成する一要素であることが認識された。このような認識が言語学習シラバスを構成する際に様々な言語要素をその中に組み込むことに結びついていったと考えられる。すなわち文法能力は言語機能や文化的要素、活動などと同等の位置が与えられたといえよう。ただし、文法能力は学習すべき様々な下位能力の核となるべきものというよりもむしろ、言語を獲得するために必要とされる様々な能力（例えば、談話能力や社会言語学的能力）の一部に過ぎない（Johnson, 1981, p.2; p.9）というものであった。

3.3 1980年代のCLT (2) －教授・学習課程の重視期－

　もう1つの方向として、それまでの教授法の開発では学習内容の模索に焦点が当てられてきたことに批判の目が向けられ（e.g. Brumfit, 1980; Brumfit, 1981; Morrow, 1981)、シラバスの視点は教授・学習内容から教授・学習過程へ、同時に教員中心から学習者中心へと移行することになる。この移行はsynthetic syllabusからanalytic syllabusへ（Wilkins 1974)、propositional planからprocess planへ（Breen, 1987a; Breen, 1987b）という用語でも表される。特に1980年代は教授・学習過程を重視したCLTの隆盛期でもあり、プロセス志向の様々な教授・学習理論が考案された。例えばMorrow(1981)は指導原理として1）自分が何をしているかを知る、2）全体は部分の寄せ集めではない、3）伝達過程も言語形式と同様に重要である（information gap, choice, feedback）、4）学ぶために実践してみる、5）誤りは必ずしも誤りとは限らない、を挙げ、Richards & Rodgers(1986)は学習理論の要素として1）communication principle, 2) task principle, 3) meaningfulness principleを挙げている。また具体的な活動例として、Littlewood(1981)は主要な言語活動をfunctional communication activityとsocial interaction activityに分類・提示し、Johnson(1982)はコミュニカティブな活動の5原則を提示した（1. The Information Transfer Principle, 2. The Information Gap, 3. The Jigsaw Principle, 4. The Task Dependency Principle, 5. The Correction for Content Principle)。その他Candlin(1987)やNunan(1989)なども独自のタスクデザイン論を展開している。

　このようなプロセス志向のCLTはシラバスとして次第に具現化されるようになる。その先駆的試み（1979年～）としてPrabhu(1987)により南インドにおいて実施されたprocedural syllabusが挙げられる（Bangalore Project)。そこでは「言語形式は学習者の注意を言語の意味に向けたときに最もよく学習される」という理念のもとで問題解決学習を志向したタスクを通して学習がなされる。このシラバスにおけるタスクの定義などに関する批判（e.g., Greenwood, 1985）はあるが、自然の教室環境においてなされたCLTの試みとして注目に値する（see Brumfit, 1984; Beretta & Davis, 1985)。また、Breen(1987b)は、プロセス志向の言語教授計画（process plan）をtask-based syllabusとprocess syllabusに分類している。

前者（task-based syllabus）では、言語形式や機能に関する知識は学習内容の一部とみなされ、textual knowledge, interpersonal knowledge, ideational knowledgeを統合したコミュニカティブな知識に焦点が当てられる。また学習者自身の言語学習の経験や意識にも焦点が当てられる。シラバスは意味共有に焦点を当てたcommunication taskと、知識体系の機能やそれがいかに学習されるかに焦点を当てたlearning taskから構成され、両者は相補的な関係にある。これらのタスクは1）学習者の知識や能力に適切かどうか、2）タスクの複雑さ、の観点から予め順序づけられ、さらに学習の過程で生じた困難点に対処するための補助的なlearning taskも準備されている。これに対して後者（process syllabus）は、シラバス作成者によって予め決められた学習内容はなく、それは教師と生徒による話し合いで決定されるというものである。シラバス作成者が提供するものはそのような教師と生徒によるシラバス作成に必要な枠組みであり、それは「参加（participation）」、「手順（procedure）」、「主題内容（subject-matter）」に関する質問とその選択肢、そしてタスクのリスト（task-based syllabusによるもの）から成っている。

　この時期のCLTは、学習プロセスに焦点を当てることで言語形式と言語機能を統合することが意図されている（e.g., Brumfit, 1984, p.44）。メッセージが相手に伝わる限り、誤りの訂正は極力避け、言語形式の明示的な指導は最小化された（Williams, 1995）。適切な状況設定がなされた、意味のある言語活動を行えば、言語形式は帰納的に自然と習得されるという一種の楽観論がその背景にあった。

3.4　1990年代のCLT－言語形式の再考期－

　1990年代に入り、多くの言語教育研究者（Widdowson, 1990; Celce-Murcia, 1991; Long & Crookes, 1992; Williams, 1995 etc.）によりそれまでのCLTが疑問視されるようになる。つまり自然な意思伝達活動に従事すれば言語の形式的知識が身につくという前提のもとで、言語の意味的・社会的側面ばかりが強調される一方で、言語学的能力（linguistic competence)が無視されてきたことが反省され、言語の形式的側面の重要性が再認識されるようになった（Celce-Murcia et al., 1997, pp.144-145）。

その例としてconsciousness raising(Rutherford & Sharwood Smith, 1985)やinput enhancement(Sharwood Smith, 1993)、focus on form(Long, 1991; Williams, 1995 etc.)、language awareness(see van Lier, 1996)、form-focused instruction(Spada, 1997)など、言語の形式的側面を重視する様々な用語が挙げられる。また、Spada(1997)では、これまでの形式的側面に焦点を当てた言語教授（form-focused instruction/FFI）に関する研究の動向が概観されており、とくにCLTや内容重視型の授業におけるFFIの有効性について論じられている。また、Lightbown (1992, p.192)も、CLTにおける言語形式に焦点を当てた指導（focus on form）の重要性を説いており、それはコミュニカティブな文脈を提示する以前になされるべきでなはく、学習者に伝えたい内容があり、それを伝えるためのより正しい方法を提示されたときに、最も効果的であるとしている。さらに、Spada & Lightbown(1993)の研究は、コミュニカティブな文脈における言語形式に焦点を当てた教授や誤りに対するフィードバックが、第2言語の発達に効果的に作用することを支持している。Long & Crookes(1992:41-47)は、このような第2言語習得研究により効果が裏付けられたタスクをコースデザインの中心的な単位として位置づけ、Task-Based Language Teaching(TBLT)を提唱した。また日本の英語教育の現状にあわせ具体的なタスク活動を提示した研究に高島（2000）がある。このような1990年以降の形式的側面への関心は、CLT以前の形式重視の伝統的な教授観への回帰を意味するのではなく、新しいCLTの萌芽でもある。

　この時期のCLTは、これまでのCLTにおいて提示されてきたタスクのように、タスクを通して言語規則を帰納的に習得していくというものではない。むしろ、第2言語習得研究の成果を根拠にしたタスクを通じて、特定の言語形式に学習者の注意を向けさせることが意図されていた。そのなかで学習者が言語規則に気づき、自らの心的葛藤を通じて言語規則を構築していくことが期待されていた。

3.5　新たな世紀のCLT－「意味づけ論」を手がかりに－

　CLTを考慮する上で新しい示唆を提供してくれる研究に深谷・田中（1996）の「意味づけ論」がある。この意味づけ論をもとにしたコミュニ

ケーション観（my English論）を示す田中（1997）の主張を筆者なりに解釈すると次のようになる。

　「目標言語に向かって進んでいく」という外国語教育の前提が、最後まで学習者が「『不完全である』とか『足らない』という気持ちから逃れることができない」という問題、及び、「言語規範に対する思い（正しく適切な英語を話さなければならないという思い）が英語を使用する際の足枷になる」という問題を引き起こしている（p.172）。しかし、「アノニマスなEnglish（大抵は英米で使用される英語）」を目標言語として「知らないこと」を補充するという姿勢で学ぶのではなく、「知っていること」を実践すること、すなわち自分の英語（my English）を使うことが重要である（p.174）。そして、その理論的基盤として意味づけ論がある。現実のコミュニケーションでは、コトバ（意味づけられる前の無味乾燥な言葉）を「受容すると、記憶が呼び起こされ、記憶同士の引き込み合いを通して、意味のまとまりが構成される」（p.176）。コミュニケーションの当事者は、各々の情況（主体により意味づけられた状況）と辻褄が合うように相手を理解しようとし、自らの情況を（再）編成する（p.179）。この場合、当事者のあいだにある理解の「ズレが新しい意味を生み出す契機にすらなる（p.179）」。そこでは「規範的な意味のやりとりが行われるというよりも、むしろ積極的な意味の調整が図られる（p.181）」。このような英語によるコミュニケーションはmy Englishとyour Englishとのあいだでなされるやり取りであり、そこに一方の英語を「正しくない英語」と評価する規範は機能しない（p.173）。

　この意味づけ論とmy English論は、文法指導の今後の方向性を考える上で示唆的である。すなわち、この理念に基づくならば、言語規則はコミュニケーションのなかで「意味の共有感覚が確保される限り（p.180）」において正しく機能していると判断され得る。また、言語規則は「どこかに在る規範（p.180）」ではなく「実践され、調整される規範（pp.180-181）」と捉えられる。言語規則を以上のように捉えた場合、文法指導は、コミュニケーションのなかで学習者自身が文法規則を創り上げていくような過程としてデザインされねばならないであろう。

4. CLTにおける文法指導の整理

　CLTにおける文法指導の位置づけを考える場合、これまでの言語観の変遷と学習観の変遷を踏まえる必要がある。

　言語観の変遷をWiddowson(1978)が提唱した分類法を用いて端的に示すならば、それは言語用法（usage）から言語使用（use）への移行と捉えることができる。つまり、言語は単なる文法規則の集積といった静態的な存在ではなく、様々な要素から構成され、社会的な文脈に埋め込まれた動態的な存在と見なされるようになった。同時に、学習目標とされる英語も、英米人の母語英語に代わって、国際としての英語（e.g. Smith 1983: English as an International Language）や非母語英語変種（e.g. Kachru 1982: World Englishes）が許容されるようになった。最近では、以上のような規範的な存在としての英語ではなく、自分自身が所有する英語（my English）の重要性が主張されている（e.g. 田中, 1997）。これは「学習目標として規範的に外在する英語」観から「学習者自身が創り上げる英語」観への移行と呼ぶことができよう。

　学習観の変遷は、学習に関する認識の変化を意味している。具体的には「客観主義（Objectivism）」から「構成主義（Constructivism）」への移行である[2]。まず客観主義では、人間の心の外部に、人間の経験から独立した客観的な世界が存在することが仮定される。ここで学習とは、そのような世界に存在する知識を獲得・集積することとして定義される。学習者には世界の構造を自身の思考の中に複製することが求められ、すべての学習者が世界について同じ理解を獲得するこが可能であると想定されている。一方、構成主義の立場では、現実世界は人間の心の内部に存在すると仮定される。ここで学習とは、主体自らが経験をもとに知識や理解を創り上げていくこととして定義される。学習者は外界と接触することを通じてこれまでの自身の知識や経験からは理解できない状況に陥り、葛藤することで新しい知識を再構成する。また、このプロセスは単に個人内で起こるのではなく、他者との相互交渉を通じて生じるものでもある（社会的構成主義）[3]。このような構成主義の立場に立てば、当然のことながら学習の結果に生じる知識も多様になり、一見、正解のない乱雑な学習プロセスとも捉えられる。しかし、多様性に富んだ学習者同士がお互いの自己をぶつけ合う

第1章　コミュニケーション観と文法指導

ことで、矛盾や葛藤が生じ、新たな知識を構成する機会が喚起されるのである。客観主義の学習が固定的な同質の知識をすべての学習者の頭に注入するといった閉鎖的な学習であるのに対し、構成主義の学習は新たな可能性を内包した開放的な学習である。

　言語観と学習観を2つの軸としてそれらを組み合わせることにより、CLTにおける文法指導を4つに類型化できる（図2参照）。

学習観
構成主義
（規則は創られるもの：使って学ぶ：失敗が前提）

〈規則に気づく〉　　　　　　　　　〈規則を編み上げる〉

　　　Language Awareness　　　対話, 学習共同体
　　　Consciousness-Raising　　状況認知的アプローチ
　　　Form-Focused Instruction　意味づけ論・My English論

言語観
言語用法　──────────→　**言語使用**

　　　概念・機能シラバス
　　　（オーディオリンガル法）　　学習過程重視の言語活動
　　　（文法訳読式法）

〈規則を知る〉　　　　　　　　　〈規則を利用する〉

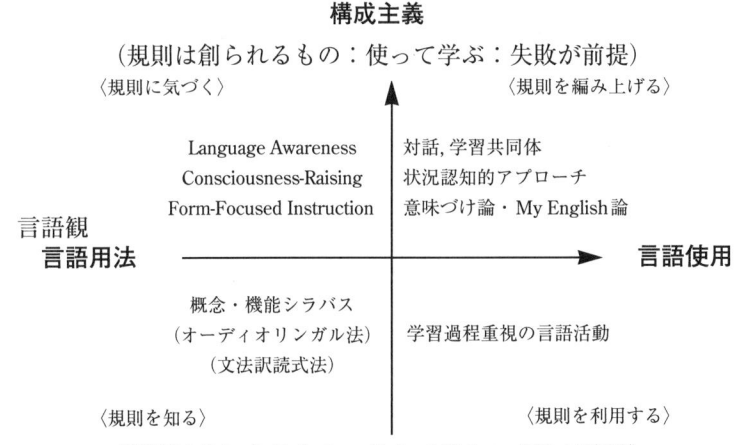

（規則は先にあるもの：学んで使う：成功が前提）
客観主義

【図2. CLTにおける文法指導の4類型】

　まず、［言語用法］［客観主義］に位置する文法指導では、文法規則が客観的に外在し、学習者はそれを自身のなかに集積することが求められる。具体的には、CLT以前の文法シラバスや文法訳読式法、さらにはオーディオリンガル法がこのような文法指導観に立っていた。また概念・機能シラバスも言語の意味的側面を重視してはいるが、伝達目標ごとに場面に適した表現方法を羅列していたに過ぎないことを踏まえるならば、この文法指導類型のなかに位置づけることができる。同類型の文法指導では学習者が「言語規則を『知る』」ことが期待されている。

157

次に、[言語使用][客観主義]に位置する文法指導では、獲得した文法規則を目的の明確な文脈のなかで実際に使用し、伝達能力を養うことが求められる。この伝達能力は複数の下位能力から構成され、言語使用を通じてこれらの下位能力を学習者に注入することが意図されている。1980年代に盛んに考案された学習過程を重視した言語活動がその例として挙げられる。同類型の文法指導では、言語活動の中で学習者が「言語規則を『利用する』」ことが期待される。

以上の客観主義に立つ文法指導の共通点としては、学習以前に言語規則が存在し、それを学んで使えるようになることが期待されており、学習の最終目標はその言語規則の獲得に『成功』することにある。

[言語用法][構成主義]に位置する文法指導では、緻密に計画された言語活動を通じて学習者に言語規則に気づかせることが目論まれている。学習者は言語活動のなかで、それまでの自身の言語規則では理解できない言語形式、あるいは表現できない意味内容に出逢い、葛藤することで新たな言語規則を構成する。1990年代を中心に議論されたconsciousness-raisingやform-focused instructionなどはその具体例といえよう。この類型の文法指導では学習者自らが「言語規則に『気づく』」ことが期待されている。

最後に、[言語使用][構成主義]に位置する文法指導では、他者との関わりや学習者を取り巻く歴史的・状況的な環境を一層重視した言語活動を通して、習熟度や学習背景の異なる対話者同士がお互いの所持する言語規則の違いや意味づけのズレを摺り合わせながら、相互理解に到達する過程の中で各々の言語規則の質を高めていくようになる。状況認知的な学習論[3]や先述した意味づけ論はこのような文法指導のための理論的基盤になると考えられる。同類型の文法指導では学習者同士が対話活動を通じて間主観的な「言語規則を『創り上げる』」ことが期待される。

以上の構成主義に立つ文法指導の共通点としては、言語規則は外的な事物としては存在せずに、学習者が個人的活動あるいは集団的活動を通して自身の中に構築していくことが期待されており、学習目標は『失敗』から生じる矛盾や葛藤を克服することで達成される。

5. コミュニカティブな文法指導

　以上、CLTにおける文法指導の位置づけを歴史的に概観し、体系的に整理してきた。最終的に示した文法指導の4類型は相補的なものであり、英語指導の状況に応じて使い分ける必要がある。ただし、日本の英語教育の現状を考慮した場合、［言語用法］［客観主義］の文法指導に偏りがちであることが容易に推測される。また、コミュニケーションが志向される場合でも、学習した文法事項を使って言語活動を試み、同事項の定着をはかるなどの［言語使用］［客観主義］の文法指導にとどまる場合が多い。すなわち、多くの時間が客観主義的学習観に基づいた文法指導に費やされているといえよう。したがって、それと対極に位置づく構成主義的な学習観に立った文法指導の実現を促すためにも、文法学習において学習者が自身の言語規則や技能について振り返る機会を授業に組み込むことが必要となる。そのような機会として、学習者が言語を使用するなかで自分自身の言語規則に対して矛盾や葛藤を体験する場合と、自身と他者の言語規則の間に矛盾や葛藤を体験する場合の2種類が考えられる。具体的に、前者は1）言語活動において学習者が意思伝達に失敗することで喚起され、後者は2）習熟度や適性等の異なる学習者から構成される学習共同体を編成することによって実現される。以下に簡潔に説明する。

5.1　コミュニケーションの「失敗」に気づく機会の提供

　英語によるコミュニケーションの授業ではしばしば「誤りを恐れるな」というスローガンが歓呼される。それが完全に無意味でないにしても、そこには「学習した言語規則を勇気をもって声に出して使ってみよう」といった精神論的なメッセージ以外に何があるのであろうか。概して、この場合の「誤り」は言語規則の誤用、すなわち既に学習した言語規則からの逸脱を意味する。そこには、教師により予め定められた言語規則を「学んで使う」という前提がある。しかし、このスローガン通りに勇気を出したところで、自ら犯した誤りに気づかない学習者も多いのではないであろうか。

　これに対し「使って学ぶ」視点に立てば、コミュニケーションにおいて、思い通りに相手に意志を伝えられなかったり、相手の意志を理解できない

自己に気づかせることができる。そしてそこに学習の機会が生じるのである。つまり、この契機に学習者は、既習の規則や技能の再構成、あるいは新たな規則や技能の必要性を感じとるのである。学習者はコミュニケーションがうまくいかない原因を探る中で自身の言語規則に関する知識やそれを操作する技能を振り返り、次の試行を成功させるために克服すべき課題を設定・解決するのである。それは、単に既習の言語規則の「誤用(error)」を訂正することではなく、コミュニケーションの「失敗(failure)」に気づくことであり、新たな言語体験の始まりを意味する。そのような意味で、英語教師は学習者がコミュニケーションに失敗し、それに気づくような「仕掛け」を授業に組み込むことを考えねばならない。

5.2 習熟度や適性等の異なる学習者から構成される学習共同体の編成

　我々は生徒の学習の効率性を高めるためにも、習熟度「別」に学級やグループを編成しようと考えがちである。しかし、習熟度や興味・関心、適性などが均質な学習者集団の中では、自分がもつ言語規則と他者のそれとのあいだに「違い」があることに気づくような学習機会は喚起されにくい。それに比べ、習熟度、興味・関心、言語適性が異なる学習者の中では、言語規則のあいだに「違い」が生じやすく、それが学習者間に矛盾や葛藤を生み、学習者は新たな言語規則体系を構築する機会を得ることができる。すなわち、習熟度や言語適性などの点から異質な学習共同体を編成することが重要である。構成主義の立場に立てば、多様性こそが学習機会を喚起する原動力になるのである。

6. おわりに

　本稿では、まず、CLTの概念について整理した。次に、CLTの歴史的変遷を概観することを通して、そのなかで文法指導がどのように位置づけられてきたのか考察した。そしてCLTにおける文法指導の位置づけを体系的に整理し、コミュニカティブな文法指導の今後の方向性について提案した。具体的には1)学習者がコミュニケーションに失敗し、それに気づく仕掛けを授業に組み込むことであり、2)習熟度や適性等の異なる学習者から構成される学習共同体を編成することである。今後、そのためのより具体

的な学習環境のデザインが求められる。

[注]
1．CLT に関する情報の収集にあたっては、松村他（1987）、伊東他（1993）、杉野（1993）等にその多くを負っている。
2．Jonassen（1991）、菅井（1993）、佐藤（1993; 1996a; 1996b）、伊藤（2001）を参考にした。
3．社会的構成主義や状況認知的な学習論と文法指導に関する詳しい説明に関しては、本章のⅡ-5「言語活動と文法指導」を参照のこと。

（山森直人）

II-2 オーセンティシティ再考
―文法指導をよりコミュニカティブなものにするために―

1. はじめに

　2002年4月より実施されている新学習指導要領に「実践的なコミュニケーション能力」が謳われ、コミュニケーション重視の英語授業がこれまで以上に求められるようになった。また、文部省（1999）は今回の改訂で、「言語の実際の使用場面に配慮した指導」を新たに盛り込んだ。この点を考慮に入れるならば、EFL環境で英語を学ぶ日本人にとっての「英語（英語学習）」と、Communicative Language Teaching（CLT）が中心的に取り上げてきたオーセンティシティのあるコミュニケーションについて考察していかなければならない、と考える。それは、これまで日本においても、「買い物」や「税関」といった具体的な場面や「意見や説明を求める」といった言語の働きを取り上げた指導がなされてきたが、EFL環境におけるこうした学習の効果について批判が多くされている通り（Littlejohn,1983; Littlewood,1992; Widdowson, 1998; Johnson, 2001）、コミュニケーション能力に転移したかどうか、は疑問の余地があるからである。すなわち、このような場面ごとの対話を定型的に練習しても、それらを機械的に実際の場面に当てはめることに終始し、複雑に展開する「会話」になりえなかったからである。また、同時に、日本人学習者及び教師がとらわれている、「正しい英語を話さなければならない」という英語観が大きな妨げになっているものと考えられる（鈴木,1985; 諏訪部,1997; 田中,1997c）。

　そこで、本論では、nativelikeな英語を規範としない英語を新たな規範とすべきだとした、田中（1997a）及び田中・深谷（1998）の<My English>論を規範とする英語学習者（話者）の姿を求める立場をとる。それは、田中（1997b, p.53）が、『「正しい英語」を学ぶということが、『正

しい英語』を話さなければならないという気持ちを誘発するとなると、学習態度が言語使用において阻害要因になる可能性が出てくる」と指摘している通り、多くの学習者は間違いを恐れる余り、自分の思いよりも言語形式・文法規則を優先させたり、会話の自然な流れを損なうような会話をしたりすることが多いからである。

　しかし、このような言語観にとらわれている限り、学習者はいつまでたっても、英米コンプレックスから抜け出すことはできないであろう。

　このように考えてくると、伝達する方法よりも、伝達する内容をどれだけ中身のあるものにしていくかといったことの方がより大事なことであると思えてくる。また、鈴木（1997）が指摘しているように、「英米語でさえ言語の変種である」（p.92）のだから、私達日本人が話す英語も、さらに言えば、日本人個人個人が話す英語もさまざまであって良いのである。また、このように考えれば、母語話者に対して変にコンプレックスなどを抱く必要もなく、堂々と話し手は自分の意思を伝達することに努めれば良いのである。

　本論の目的は、「文法指導をいかにコミュニカティブなものにするか」、「それを実現するために必要になる観点は何なのか」を明らかにするために、学習者にとって意味があり、他者との関わりのあるコミュニケーション活動のあり方を探っていくことにある。そこで、まず、オーセンティシティがCLTの文脈でこれまでどのように捉えられ、議論されてきたかを先行研究を基に歴史的に概観する。次に、その中で、学習者にとってのオーセンティシティのあるコミュニケーションの中身について検討を加え、オーセンティシティの概念の捉えなおしをする。そして、指標としていくつかの要素を解明し、それらを基に英語授業においてどのような「コミュニケーション活動」を行えばよいか、提案する。

2. 先行研究の概観

2.1　オーセンティシティの定義と分類

　オーセンティシティをめぐって、これまで多くの議論がCLTの文脈の中でなされている。それをいくつかのグループに分け整理する。

　第一に、オーセンティシティを主に「言語」の側面から捉える場合と、

「学習者」の側面から捉える場合に分類している研究者がある。そのような研究者として、Maley(1980)、Taylor(1982)、Taylor(1994)が挙げられる。Maley(1980)は、オーセンティシティを「言語体系」と「言語体系に対する学習者の反応」とに分類している。そして、オーセンティシティの概念がしばしば前者を指すことが多く、後者についてはあまり考慮に入れられていないと指摘し、後者のオーセンティシティを考える場合、学習者が全人格をかけて反応しているかどうかが重要である、と述べている。次に、Taylor(1982)は、オーセンティシティのあるコミュニケーションを考える場合には、「言語形式」だけでなく，「現実のコミュニケーションの必要性」や「学習者の自己投機（self-investment）」及び「自己関与（self-involvement）」も考慮に入れるべきであると述べている。そして、Taylor(1994)は、「オーセンティシティという概念は一言で定義できるものではない」とした上で、オーセンティシティが「言語及び（活動の）参加者の機能」、「言語の使われ方とその状況」、「インタラクションの質」、「参加者が状況と活動に行う解釈」である、と定義している。

　第二に、上記の2分法よりもさらに細かな分類をし、3〜5種類のオーセンティシティを提示している研究者がある。そのような研究者として、Breen(1985)、Nunan(1988a)、Littlewood(1992)、大下（1992）、Lee(1995)が挙げられる。まず、Littlewood(1992)は、オーセンティシティを「教材」、「タスクや活動」、「学習者の反応」の3つに分類している。また、Nunan(1988a)も同様の主張をし、まずオーセンティシティを大きく「教材」と「学習者」の2つに分類した上で、「学習者」のオーセンティシティを「学習者が『テキスト』、『タスク』、『教材』、『学習活動』のオーセンティシティを認識し受け止めること」と定義している。次に、大下（1992）は、「教室という何かと制約が多い環境の中で、本物のコミュニケーションと同じものを行うことは難しい場合が多いが、少しでも本物に近づこうと努力することにより、よりよいCA（コミュニケーション活動・筆者注）を開発することが可能である」と述べ、CAにおけるオーセンティシティの重要性を主張している。そして、CAを開発する際に考慮すべきオーセンティシティとして、①場面のオーセンティシティ、②タスクのオーセンティシティ、③英語のオーセンティシティを挙げている。さらに、

Breen(1985)は、①学習者へのインプットとして用いるテキストのオーセンティシティ、②テキストの学習者の解釈のオーセンティシティ、③言語学習の助けとなるタスクのオーセンティシティ、④教室という現実の社会的状況のオーセンティシティの4つに分類した上で、「教室において求められるべきオーセンティシティは母語話者の自然な言語使用行動ではなく、本当の言語学習行動の面から考慮されるべきである」と主張している。最後に、Lee(1995)は、このBreenの分類に「教師の役割」を加え、オーセンティシティという概念を「テキスト、学習者、タスク、学習者の状況、そして教師」の5つの面から捉えており、それぞれ具体的に「教材の選択,学習者の個人差、タスク・デザイン、学習環境、教師の態度や教授法」を挙げている。

第三に、オーセンティシティを「尺度」として捉えている研究者がある。そのような研究者として、Richards他（1992）、太田垣（1996）が挙げられる。Richards他（1992, p.27）は、「言語教育の教材がもつ自然な会話や文章の質の程度」と定義している。また、太田垣（1996）は、オーセンティシティという用語は使用していないが、真のコミュニケーション活動の成立要件（新情報・メッセージの存在、インタラクション、必要性・自発性、即興性、現実性・容認性）を挙げながら、コミュニケーション活動のコミュニカティブな度合いを問題にしている。

第四に、Widdowson(1990, 1996, 1998)の主張が挙げられる。Widdowson(1990, p.46)は、上述したBreen(1985)の主張を真っ向から批判して、「オーセンティシティという概念は学習者の擬似言語行動ではなく、コミュニケーションの結果を求める言語使用者[母語話者]の普通の言語行動のことを指して言うべきではないか」と述べている。その後、Widdowson(1996)は、学習者に求められるのは母語話者に価値を置くオーセンティシティではなく、非母語話者に価値を置く自律性である、と主張した。そして、Widdowson(1998)は、「言語学習者は定義上母語話者の共同体の成員ではない」（p.711）とした上で、「将来行うであろう経験の予行演習としての学習は意味がない」（p.715）と結論づけ、以前自身が批判したBreen(1985)の「学習及び学習者に主眼を置いた」考え方に近い考え方をするようになった。

以上をまとめると、オーセンティシティの要素として扱われてきたものは以下の表の通りである。

表1 オーセンティシティの要素

研究者	要素				
Maley(1980)	言語体系	言語体系に対する学習者の反応			
Taylor(1982)	言語形式	現実のコミュニケーションの必要性	学習者の自己投機・自己関与		
Taylor(1994)	言語の使われ方とその機能	インターラクションの質	活動の参加者が状況と活動に行う解釈		
Littlewood(1992)	教材	タスクや活動の質	学習者の反応		
Nunan(1988a)	教材	テキスト・タスク・教材・学習活動に対する学習者の認識			
大下(1992)	言語の使用場面	タスク	使われる言語の質		
Breen(1985)	テキスト	学習者のテキストの解釈	タスク	教室という社会的状況のもつ質	
Lee(1995)	テキスト	学習者	タスク	学習者の状況	教師の態度や教授法
Richards他(1992)	教材の持つ言語の質				
太田垣(1996)	新情報・メッセージの存在	インターラクション	必要性・自発性	即興性	現実性・容認性

2.2 オーセンティシティの重要性

2.2.1 オーセンティシティの定義の歴史的変遷

Communicative Language Teachingの重要性が叫ばれるようになった1980年代初頭には、Maley(1980)、Taylor(1982)は、「言語」の面と「学習者」の面からオーセンティシティを捉え、教室をコミュニケーション共同体と捉えていた。また、彼らは教室における学習者にとってのオーセンティシティを高める必要性を訴えた。そしてさらに、Montgomery &

Eisenstein(1985)は、Taylor(1982)の「自己投機・自己関与こそがオーセンティシティのあるコミュニケーションの要件である」という主張を再度強調した。その後、「優れた学習者はオーセンティックな言語使用の参加者として積極的に活動する」と述べたStern(1983)を敷衍する形で、Breen(1985)は、オーセンティシティについてのより細かな分類・定義をした。Breen(Ibid.)はテキストやタスクのオーセンティシティとともに、教室という社会的状況としての場のオーセンティシティの重要性を訴えた。しかし、Widdowson(1990)はBreen(1985)のオーセンティシティの定義及び概念（「擬似的な言語使用行動は本当の言語学習行動になりうる」）について、「目的と手段を混同している」と批判した。またその後、Nunan(1988b, p.55)は、読み物教材のオーセンティシティの重要性を唱え、その後も主張を繰り返した（Nunan,1991）。そして、これらのNunanの主張以降、オーセンティシティと言えば読み物教材及び「そこで使われている英語」のことを指すことが多くなった（Lee, 1995; Peacock, 1997; Ellis, 1998）。また、日本においても、「言語面」が強調されてきた感があった（e.g.大下,1992; 太田垣,1996）。しかしながら、こうした一方で、「参加という概念が発展的な学習者にとっては初級の学習者以上に重要になる」と述べたEllis(1992)とともに、Littlewood(1992)もオーセンティシティのあるコミュニケーションについて詳述しながら、1980年代に主に力説された、学習共同体や学習者にとってのオーセンティシティの重要性を主張した。また他にも、McCarthy(1991)、Taylor(1994)、Lee(1995)とともに、Widdowson(1998)も、学習共同体や学習者にとってのオーセンティシティの重要性を主張するようになった。同様に、日本においても田中（1997c, p.17）が学習共同体の重要性を主張した。そして最近では、Guariento & Morley(2001)が、上記2.1のBreenの分類の4番目のオーセンティシティを「最も重要なタイプのオーセンティシティである」と述べた上で、「これまで広く容認されてきたテキストのオーセンティシティに加えて、学習者にとってのオーセンティシティを高めるタスクのオーセンティシティこそが重要である」としている。

2.2.2　「学習者にとってのオーセンティシティ」の重要性

上述したように、オーセンティシティの定義や捉え方にはいくつかの変遷があり、1990年代前半までは「言語」の面を中心としたオーセンティシティが求められ、当初言われていた学習者にとってのオーセンティシティの面が軽視されていたかのように思える。しかし、Widdowson(1998)らが主張しているように、学習者にとってのオーセンティシティを高めていくことこそが学習を促進していくために必要である。そこで、学習者にとってのオーセンティシティについて考えるとき、原点に返ってTaylor(1982)やMontgomery & Eisenstein(1985)の提唱した、自己投機・自己関与について考察・検討していくことが必要であると考える。また、そのことによってオーセンティシティのあるコミュニケーションを教室内に引き起こしていくことが可能になるのではないだろうか。すなわち、「学習者の『自己』をどのように捉えるか」、「学習者がそれぞれの『自己』を英語で表現する『場』をどのように英語の授業の中に設定していくか」について、深く検討を加えていくことによって、教室内にオーセンティシティのあるコミュニケーションを引き起こすことが可能になるのではないか、ということである。

また、「共同体」については、日本の教育全般における研究が多くなされているため、次の節で概観していく。

2.3 学習観・学力観の転換

ここ数年の間に、「学習」及び「学力」の問題についてさまざまな議論がなされている。その中で、これまでの「学習観」「学力観」から脱却し新たな視座を持つ必要性を訴える立場の研究者の主張が年々説得力を持つようになってきている（e.g.佐伯, 1995a, b; 佐藤, 1995, 1996, 2000a, b, 2001; 佐藤, 1996, 1999; 永野, 1997; 小林, 1997）。

佐伯（1995b, p.177）は、「『学ぶ』ということの意味を、根本的なところから考え直すべきである。学習論そのものを変革しなければ、今日の教育問題の解決はありえない」とさえ断言し、「文化的実践への参加としての学習」を提唱している。この「文化的実践」を佐伯（Ibid.）は、「共同体がなんとかして以前より『よくなろう』として、共同的に関係づくりや関係の再構築、あるいは関係の修正を模索して行う実践の総体」（pp.195-

196）と定義しており、そうした「学び」を通して、「共同体全体が以前より『よい』ということを理解・感謝・賞味（appreciate）」しようとすることを「参加」と呼んでいる（p.197）。

また、永野（1997）は、これまでの「学習観」の変遷及びその成果を踏まえ、「学習（者）観」の変革を訴えている。同様に、小林（1997）も、学び手の「理解における自己関与性」という概念の重要性を指摘している。そして、佐藤（1995, 1996, 2000a, 2001）は、繰り返し「勉強」から「学び」への転換を主張し続け、「学び」を次のように定義している。

> 『学び』という言葉は、その一回性と個別性を暗示し、その活動が個人が内的に構成する『経験』としての性格を獲得しうるものであることを含意している。（中略）『学び』は、子ども一人ひとりが内側で構成する個性的で個別的な『意味の経験』にほかならないからである（佐藤, 1995, p.51）。

また、今井（2000, p.45）は、こうした「学習観の転換」を踏まえ、英語教育への示唆を次のように述べている。

> コミュニケーションを自己と他者と世界の関わりで捉えると、（中略）コミュニケーションは自己・他者・世界の共同体の中で営まれる社会的実践であると考えられる。そして、コミュニケーション能力を獲得するとは、英語によるコミュニケーション行為を実践する共同体に加わっていくことだといえる。『コミュニケーション能力の獲得＝英語コミュニケーション実践共同体への参加』であり、さらに言えば言語ゲームへの習熟である（今井, 2000, p.45）。

以上を考慮すると、「学習者」にとって意味のある真正の「学び」というものを教室内に形作っていく必要性がある。また、佐藤や佐伯らが支持する、Lave & Wenger(1991)の「状況的学習（situated learning）」においては、「知識や認識の文脈依存性が強調され、環境（モノと人）との活動的で対話的な交渉が学習過程として探求される」（佐藤, 1996b, p.193）た

め、「学習者」が「学習内容」、及び「自己」や「他者」を深く理解する上で、「参加」という概念が不可欠になる。

2.4 今後の課題あるいは教育的示唆

これまで議論してきた先行研究から得られた知見を踏まえ、これからの英語の授業のあり方を考えるとき、「学習者の個性・創造性を伸び伸びと発揮させる活動」の重要性を述べた樋口（1995）の主張は大変示唆に富むものである。樋口（Ibid., p. vi）は、その意義や効果について次のように述べている。

> 生徒は、自己表現や創作活動など、自分らしさを発揮できる『個性・創造性を引き出す活動』に大いに動機づけられる。（中略）生徒は、さまざまな『個性・創造性を引き出す活動』を通して英語を積極的、意欲的に使用することによって、英語を自分のものにし、使い方を身につけていく。生徒は、使うことによって英語を定着させ、運用力を驚くほど伸ばしていくのである（樋口, 1995, p.vi）。

樋口に倣って言えば、学習者の「自己」とは「個性」、すなわち「自分らしさ」であり、具体的には「自分の考えや感情」、「持ち味」「長所」と言い換えてもよいであろう。また、「学習者」がこれらの要素を盛り込む形で表現活動に取り組んだり、その聞き手として「発表（production）」を聴きあったりすることが「自己投機」であり、「自己関与」である、と言えるだろう。そして、このことを教室内に実現するためには、教室内に「発表」を聴き合うことのできる温かな雰囲気や人間関係づくりをしていくことが教師に要請されるだろう。

3. オーセンティシティ再考
3.1 「自己投機」と「自己関与」

前節で、学習者にとってのオーセンティシティと「学習観の転換の必要性」の関係について議論してきたように、小林（1997）の主張する「学習者の自己関与性」とTaylor(1982)及びMontgomery & Eisenstein(1985)の

主張する「自己投機」及び「自己関与」が学習者に「主体性」を持たせるために必要になる概念であることが確認された。そして、教室を「学び合う共同体」にしていくためには、個々の学習者同士の関係作りが必要不可欠であることも確認された。以上のことを踏まえ、「自己投機」及び「自己関与」の2つをどのように、より厳密に概念化することができるか、議論していくことにする。

3.2 「自己投機」及び「自己関与」の概念的枠組み

　自己投機・自己関与の内容について考える場合、「学び」と「コミュニケーション」の2点から考察を加えなければならない。まず、「学び」については、佐藤(1995, p.72)が「学びの活動を意味と人の関係の編みなおし」と定義しているように、学びの主体である「個人」がどのように「学習内容」「学習者自身」「他者」との関係を築いていくか、が重要な点である。その際、自身との「反省的な対峙」が必要不可欠となる。

　また、「コミュニケーション」については、コミュニケーションの主体と受け手及びその参加者がコミュニケーションのプロセスにどのように関わっていくか、という点を考えなければならない。まず、コミュニケーションの出発点として、参加者全員が、コミュニケーションの「必要性」を感じていなければならない。話者に話すべき内容があり、興味を持ってその話を聞いてくれる相手がいて、初めて話者は話す気持ちになるのである。そのような意味で、コミュニケーションの「必要性」は、その前提条件として求められるものである。次に、対話的コミュニケーションのプロセスについて考える場合、コミュニケーションの持つ「創発性」（佐藤, 1996, p.109）に注目しなければならない。このことは、コミュニケーションのプロセスにおいて、話者の作り出す意味には「不確定性があり、意味が再編成されたり、創造されたりする可能性が内在している」（深谷・田中, 1996, p.281）ことを表している。対話をする際には、話者がそれぞれの「思い」や「考え」を伝えていく上で、聞き手を意識することは当然のことである。特に、第二言語によるコミュニケーションの場合、話者は聞き手の表情などの反応から「聞き手が自分の話を十分に理解しているか」を推測しながら、話をしなければならない。そして、もし理解が十分でない

場合には、「言い換え」などをしていくことが必要になる（滝沢, 1999）。また、逆に聞き手の側からも意味の確認を求める質問やコメントなどが出されるであろう。したがって、以上述べた意味で、コミュニケーションを成立させるためには、コミュニケーションの参加者全員に「創造性」が求められるのである。

　以上を踏まえると、コミュニケーションの成立には「必要性」から「創造性」への一連のプロセスが不可欠であり、そのプロセスは個人内あるいは個人間（集団）においてなされるものである、と捉えられる。すなわち、「自己投機」及び「自己関与」の概念は、「必要−創造」と「個人−集団」を2つの軸とし、それらを組み合わせることで図1のように捉えることができる。この図によると、佐藤の「学び」の概念は「必要性」から「創造性」へ向かうプロセスにおける「自己省察」の過程であり、それは個人的活動と集団の活動の相互作用を通して促されるものである。そして、「学び」のための教材は下図の4つの領域の「関連」、「責任」、「自己探求」、「相互理解」を喚起するものでなければならない、と考える。

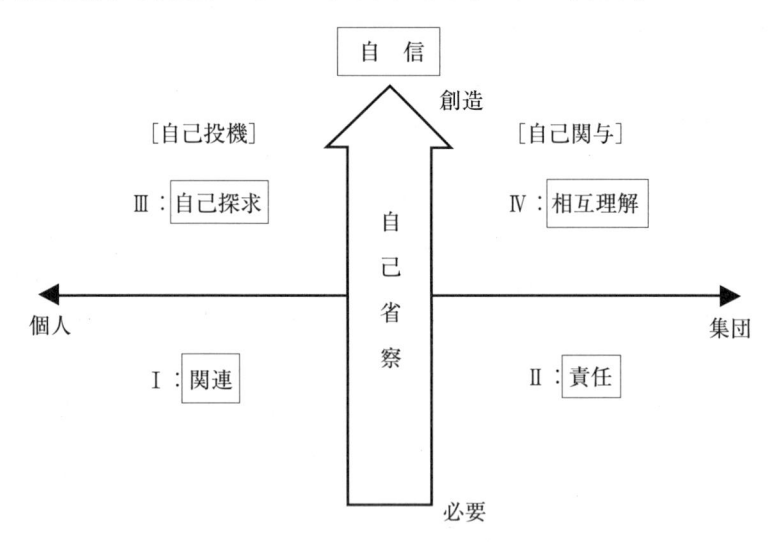

図1　「自己投機」及び「自己関与」の概念図

　上の図の縦軸は、コミュニケーションの始まりから終わりまでの間の

「自己省察」の時間的流れを表す軸である。横軸は、コミュニケーションにおける話者としての「自己」が個人または集団の主にどちらに位置づくのかを表す軸である。

次に、それぞれの領域の表す内容について考察していくことにする。

Ⅰの領域は「関連」を表しており、コミュニケーションの始まりと過程において必要になるものである。まず、コミュニケーションの始まりについて考えるとき、話者に話すべき内容があり、「『話したい・伝えたい』という気持ち」（MacIntyre, Clément, Dörnyei & Noels, 1998; MacIntyre, Baker, Clément & Conrod, 2001）を持っていることが重要である。その意味で、話者がコミュニケーションを意欲的に行っていく上で、コミュニケーションの「必要性」を強く感じていなければならない（Littlejohn, 1983; Littlewood, 1992; Guariento & Morley, 2001）。また、コミュニケーションの過程においては、話者同士が相互に「生活・感情・思考・意見・知識との関連性」（Griffiths & Keohane, 2000, p.1）を保ちながら、自分自身を見つめ振り返ることで自分自身の「思い」や「考え」をまとめ相手に伝えていくことが可能になるのである（梶田, 1996）。

Ⅱの領域は「責任」を表しており、コミュニケーションの参加者が担う役割を表している。すなわち、コミュニケーションという行為は、話者が一人または複数の相手（聞き手）とのことばのやりとりを通して「意味」を伝え合う「社会的行為」であり、相手との関わりが前提となるため、コミュニケーションの参加者が相互にその役割を果たしていくことでコミュニケーションが成立していくのである。

Ⅲの領域は「自己探求」を表しており、コミュニケーションの過程を経て、話者としての「自己」が到達する段階である。つまり、コミュニケーションという行為を経て、話者は話したり聞いたりする技能を身につけるだけでなく、「達成感」や「自信」（Clément, Dörnyei, & Noels, 1994; MacIntyre et al., 1998; MacIntyre et al., 2001）をもつことにもつながり、ひいては「新たな自己」を形作っていくのである（柳瀬, 1994; Brown, 2000）。

Ⅳの領域は「相互理解」を表しており、コミュニケーションの本質的な特徴を表している。すなわち、コミュニケーションが成立するのは「コミ

ュニケーションの参加者である送り手と受け手が知識と経験を共有し、類似の解釈に達する」（橋内，1999, p.33）ときであり、その意味で、コミュニケーションという行為は参加者同士の「協働作業」（深谷・田中，1996, p.43）である。換言すれば、コミュニケーションという行為は「動的」で、「創造的」な相互理解行為である、と言える。

そして、Ⅰ・Ⅲの領域にあたるものが「自己投機」であり、その内容は「英語による表現活動の際に、自己の興味や関心に基づいて、個性・自分らしさを発揮すること」と定義できるだろう。

また、Ⅱ・Ⅳの領域にあたるものが「自己関与」であり、その内容は「英語による表現活動に興味や関心を持って、没頭して取り組むことを通して、相手との『関わり』を大事にしていくこと」と定義できるだろう。

3.3 英語教育における新しい概念としての「自己参加」

次に、これまでの議論を「英語教育」に当てはめて、具体的に考えていくことにする。

「自己投機」の内容は、具体的には、相手（聞き手あるいは読み手）に自身を理解してもらおうと、言葉だけでなく身振りや手振りを交えるなどして自身の「思い」や「考え」を個性豊かに表現する活動や、「主体性」をもって意欲的・積極的に自身を表現する活動、と捉えられる。

「自己関与」の内容は、具体的には、相手（聞き手あるいは読み手）の話に興味や関心をもって耳を傾け反応することや、コミュニケーションの参加者として「責任」をもってコミュニケーションに参加し、話者に対して共感的な態度を取っていくことと捉えられる。

Ⅰの領域の表す「関連」に関しては、学習者が日常生活の事柄について表現する活動や、日常生活の中で感じる「思い」や「考え」を表現する活動、と捉えられる。ただし、活動の内容及び話題が学習者の日常生活（別に学校や家庭での生活に限定しない）の認知・情意レベルからかけ離れたものでは、現実感が失われてしまう。したがって、学習者にとって真実味のあるコミュニケーションをしていくためには必要不可欠な要素である。

Ⅱの領域の表す「責任」に関しては、学習者がペアやグループ活動などで「話し手」や「聞き手」などといった役割を責任をもって果たしていく

ことである。そして、この「責任」を全うしていくことで、コミュニケーションの「協同性」につながっていくのである。

Ⅲの領域の表す「自己探求」に関しては、学習者が自分の興味・関心のあるテーマに基づいて「調べ学習」を行い、それをもとに発表する活動などが考えられるが、「自分の可能性の発見」が得られる活動のことと捉えられる。また、学習者が没頭して活動に取り組むためには、英語を使って自分自身の「思い」や「考え」を十全に表現したり、他者とのやり取りをしたりすることを通して、学習者がそれぞれの達成度に応じて「楽しさ」の感じられる活動でなければならない（Green, 1993）。

Ⅳの領域の表す「相互理解」に関しては、グループ活動として共同で創作劇などを作って発表する活動や、グループの中でShow & Tellなどの発表をし、内容について質問やコメントをしていく活動と捉えられる。その際に、コミュニケーションの参加者のどちらかが一方的な話し手となって、もう一方がただずっと聞き手となっているのではなく、相互に主体性をもってコミュニケーションをしていく姿が求められる（諏訪部, 1997）。すなわち、聞き手が話者の表現及び内容を十分に理解できない場合には、質問をしたり言いかえを求めたりすることもコミュニケーションをすすめる上で必要である。

以上のように、「自己投機」及び「自己関与」の概念を細かく分析的に検討を加えてきたが、これらはコミュニケーションをしていく上で、相互に絡み合っていく性質のものであろう。その意味で、コミュニケーションによっては上の図の4つの領域の表すものすべてが存在する場合もあるだろう。その場合、「自己投機」も「自己関与」も共に満たしたものと言えるだろう。そこで、Taylor(1982)は「自己投機」と「自己関与」をまとめて学習者にとってのオーセンティシティと呼んだが、オーセンティシティという用語を使うと、従来どおりのオーセンティシティの捉えられ方、つまり「言語面」を中心にした捉えられ方をされる可能性があるので、「自己参加（self-commitment）」と読み替えていく必要があることを提案したい。

4. おわりに

　これまで議論してきた4つの要素（「関連」、「責任」、「自己探求」、「相互理解」）をタスクやユニットプラン、年間指導計画を考慮する上での指針にすることによって、学習者にとってのオーセンティシティを高めることが可能になるであろう。また、これらの要素を盛り込んで文法指導を行っていくことによって、よりコミュニカティブな文法指導になるであろう。しかしながら、具体的な活動については、今後さらに精緻な検討が必要となるであろう。

　　　　　　　　　　　　　　　　　　　　　　　　　　　　（西澤政春）

Ⅱ-3　異文化理解教育と文法指導

1. はじめに

　外国語を教える場合、その背後にある文化についての理解や洞察をも深めることの重要性については広く世界的に認知されている。因みに、我が国の中学校学習指導要領においても外国語科の目標が、「外国語を通じて，言語や文化に対する理解を深め，積極的にコミュニケーションを図ろうとする態度の育成を図り，聞くことや話すことなどの実践的コミュニケーション能力を養う」ことと規定されており、異文化理解の重要性が強調されている。さらに、中学校生徒指導要録においても外国語科における評価の観点のひとつとして「言語や文化についての知識・理解」が設定されている。

　このような外国語教育における文化指導の重要性に関する共通理解は、言語と文化の密接な関係を明らかにしたE.サピアをはじめとする文化人類学者の貢献が大である。"Language does not exist apart from culture."（言語は文化と切り離された状態では存在し得ない）というサピアのことば（Sapir 1921, p.207）は今も尚その輝きを失ってはいない。ただ、言語と文化の密接な関係をめぐっては二つの異なる立場が提示されてきた。

　①言語→文化（言語が文化の在り方を規定するという立場）
　②文化→言語（文化の特徴が言語に反映されるという立場）

前者は、有名な「サピア・ウオーフの仮説」として知られている立場であり、人々の考え方は彼らが話すことばの在り様によって決定づけられるという主張である。この主張は、その過激性ゆえに現在では必ずしも支持されていない。現在、文化人類学や外国語教育学の学界で広く支持されているのは後者の立場であり、本章でもこの後者の立場を採用する。

　しかしながら、社会の国際化とそれに伴う英語の国際化に伴い、我が国

の英語教育も外国語としての英語教育から国際語としての英語教育へと発展してきている中で、新しい問題も出てきている。つまり、英語の地球語化（Crystal 1997）に伴う英語の脱英米化（Kachru 1985; 本名 1999）という現象である。そのため、英語教育において一体どの国の文化を指導すべきかという根元的な質問に対して、即答できない状況が生まれつつある。同じ外国語教育であっても、中国語教育や韓国語教育には見られない現象であり、文化の指導にも新しい視点や枠組みが必要になってきている。

2. 英語教育で取り扱うべき文化と文法指導

　従来、外国語教育における文化指導の枠組みとしては、Large C Cultureとsmall c cultureの区別（Chastain 1976）が一つのパラダイムを形成してきた。Large C Cultureとは、当該社会で受け継がれてきた文化遺産や文化財一般を指しており、一方small c cultureとは、文化人類学的観点から見たその社会に住む人々の生活様式を指す。中国語教育や韓国語教育ではどちらの型の文化を取り扱うにしても、教科書や授業の中で取り上げるべき文化項目は比較的特定しやすい。ところが英語教育の場合は、同じ英語圏の中での選択肢（例えばイギリス文化vs.アメリカ文化）に加え、英語を公用語や第二言語として位置づけている国々の文化や、さらには英語を国際語として学習者に学ばせているEFL諸国の文化や学習者自身の文化である日本文化の取り扱い方が問題となってきている。実際、多くの教科書が従来の英語圏の国々だけでなく、非英語圏であるアジアやアフリカの国々の文化も積極的に取り上げている。もはや戦後の教科書に見られたアメリカ文化一辺倒という状況は不可能であり、それに伴って、従来のLarge vs. smallという一元論的枠組みでは対応しきれなくなってきた。

　本章では、英語の国際化・脱英米化に対応するための新しい枠組みとして、従来のLarge vs. smallという一元論に代わって、ことばの回りの文化（culture around language）、ことばの中の文化（culture in language）、及びことばを通しての文化（culture through language）で構成される鼎立モデルを提示したい。ことばの回りの文化とは、簡単に言えば、動作、顔の表情、声の大きさ、話し手と聞き手の間の距離といった言語コミュニケーションに付随する行動特性を指す。ことばの中の文化とは、Cortazzi &

第 3 章　異文化理解教育と文法指導

Jin (1999, p.197) の言葉を借りるならば、"the framework of assumptions, ideas, and beliefs that are used to interpret other people's actions, words, and patterns of thinking" のことであり、当該言語を母語とする人々の発想法が反映された言語特性である。ことばを通しての文化とは、それこそ実質的な地球語となった英語によって文化をまたがって伝えられる各種の情報を指す。異文化理解教育を見据えた文法指導という観点からするならば、これら三種の文化のうち、ことばの中の文化に着目し、英語という言語の中に埋め込まれた英語母語話者の発想法や思考法の一端を少しずつ掘り起こしていくことが求められる。つまり、当該社会での文化的優先順位がことばの中に言語化、文法化されているという立場から、文法を捉え直してみるのである。例えば、名前（姓・名）の順番を比較してみよう。日本語は姓名の順番だが、英語では名姓の順番となる。日本人が英語で自己紹介するときの順番はさておき（これ自体重要なトピックであるが）、この順番の違いは、それぞれの社会における名（given name）と姓（family name）の相対的重要性を反映していると言える。以下、同じような事例を英文法から抜き出す作業を試みることにする。

3．英語の中の文化の具体例
（1）絶対基準としての"I"（自己）

以前、中学生を指導していた時に「先生、どうして"I"はいつも大文字で書くのですか」と聞かれて一瞬ことばに詰まった経験がある。そういえば自分も教えてもらった覚えがない。なるほど"I"は文頭にあろうが文中にあろうがいつも大文字で書かれる（電子メールでは小文字で書かれる場合もあるが定着はしていない）。その時は「それが英語のきまりです」と言って、生徒の率直な疑問へ答えきれなかった。今思えば、英語を通して異文化について学ぶ貴重な機会を台無しにしてしまった。"I"が文中のどの位置に来ても大文字で書かれるのは、一つには、単文字単語故にその存在を際だたせる必要があったという正書法上の理由も考えれるが、そこにはやはり自分という存在を絶対的な基準として位置づける英語の発想が息づいていると考えたい。つまり、話し相手の年齢や社会的地位に関係なく、自分のことは絶えず"I"で表現する発想法である。この点、話し相

手との社会的関係に応じて、「わたくし」「わたし」「あたい」「ぼく」「おれ」「自分」などを使い分ける日本語とは対照的である。しかも、次の日本文のように、本来人的関係を示す普通名詞を代用する場合もある。
　「お母さんが子どもの頃はそんなことできなかったわ」
この「お母さん」は、とりもなおさず今自分の娘と話をしている自分自身のことである。話し相手である自分の娘を基準に自分の存在を捉え直して発言しているのである。自分を絶対的な基準とする英語には見られない特徴である。英語では話し相手も"you"だけで事足りる。親や担任教師、会社の上司や大統領に対してまでも"you"一言で事足りてしまう文化を持っている。一方、日本語の場合はそれこそ「あなた」「きみ」「おまえ」「おたく」「きさま」「てめえ」などを巧妙に使い分けなければならない。外国語として日本語を学習している人々の頭痛の種がそこにある。

（2）英語の指示代名詞は一元論
　仮に次の英文を生徒に訳させてみよう。
　　　　This is a Swiss watch. It is very expensive.
おそらく多くの生徒が次のように訳すに違いない。
　　　「これはスイス製の腕時計です。それはとても高価です」
多くの生徒はこのような訳に対して何も疑問を抱かないであろう。生徒の頭の中には「this＝これ」「that＝あれ」「it＝それ」という構図が出来上がっているからである。しかし、そこには代名詞の性格に関わる大きな誤解が存在している。
　この誤解を解くためには、相手を基準にして自己を規定する日本語に対してあくまで自己を絶対的な基準とする英語という対立構図が、指示代名詞にも受け継がれている点をまずきちんと押さえる必要がある。具体的には、まず日本語には身の回りのもの（単数）を指すための指示代名詞として「これ」「それ」「あれ」という三種類の指示代名詞が用意されている点に生徒の注意を喚起する。
　　　「これ、いくらですか」
　　　「それ、今日の新聞です」
　　　「あれ、何」

中学1年生にその使い分けを尋ねると、日常正しく使い分けているにも拘わらず、ほとんどがうまく説明できない。言うまでもなく、「これ」は自分の近くにあるものを、「それ」は相手の近くにあるものを、そして「あれ」はお互いから遠いところにあるものを指すときにそれぞれ使用される。ここでも相手に基準を求める日本語の特徴が現れている。一方、英語の場合は、絶対的な自分に近いものがthisで、自分から離れているものはthatで示される。つまり基準は一つしか存在しないのである。どこまで自分から離れたらthatで指すかという点については絶対的な基準はないが、身の回りのものの位置関係を絶えず自分という絶対的な基準で捉えるという英語の発想法を是非、生徒に伝えたいものである。そうすることによって、人称代名詞のitを日本語の「それ」と短絡的に結びつけようとする傾向にきちんと対処できる。

　このように考えてくると、英語はある種自己中心的な性格を有した言語である反面、日本語は相手への思いやりに満ちた言語であるという捉え方も可能かもしれない。それはともかくとして、文化がことばに影響を及ぼすという立場からすれば、この使い分けの相違の背後にある文化にも目を向けたい。日本のように狭い国土の中で和を尊ぶことによって社会の安定を図ろうとしてきた文化においては、あらゆる発話場面において聞き手との人間関係に留意することが必要であり、日本語の場合はその必要性が人称代名詞や指示代名詞に色濃く反映されていると言えるであろう。だからと言って、英語は人間関係に無頓着な言語かと言えば、決してそうではない。英語にも敬語は存在する。ただ代名詞にそれが反映されていないだけである。

(3) ゼロの発想

　自分が中学生の頃、次のような英文に遭遇し、新鮮な驚きを感じたものである。

　　　I have no money.
　　　I saw nothing there.
　　　Nobody came to the party.

どれも動詞は肯定形であるが、日本語に訳すときはどうしても否定形を使

わざるを得ない。無理に直訳すると、「私は全く無のお金を持っている」となる。日本語には無い発想である。「お金を持っていない」という内容を英語で表現しようとすると、どうしても I don't have〜を使ってしまう。I have〜で抵抗無く始められるようになるまで随分時間がかかった。この日・英の発想の相違は、最近のコミュニケーションを重視した教育の中では、残念ながら、つい見過ごされてしまう。日本語訳を与えることにほとんどの教師が必要以上に消極的になっているからである。仮に日本語訳を活用するにしても、

　　「お金を全然持ち合わせていない」
　　「そこには何もなかった」
　　「パーティには誰も来なかった」

と言う具合に、否定形を使ったこなれた和訳が使われる。教師も生徒もさほど違和感を感じないようになっている。それだけ英語が身近な存在になったためかもしれない。でも、英語の中の発想法としての文化に気づかせるという観点からすれば、以下のような直訳もまんざら無用な存在ではなさそうである。

　　「私はゼロのお金を持っている」
　　「私はそこで無を見た」
　　「ゼロ人の人がそのパーティにやってきた」

言語的に敏感な生徒は、英語を話す人は何てへんてこな考え方をするのだろうと感心するに違いない。そして、自分が中学生の頃感じた驚きと同じような新鮮な驚きを経験するに違いない。この種の和訳はコミュニケーションばやりの今日では全くの邪道と無視されるかもしれないが、英語を流暢に話せるようになるためにはこの発想法をマスターしなければならないことは今も昔も変わらないはずである。

（4）赤ちゃんにも How old〜？

中学生に次の英文を訳させてみよう。

　　　A: How old is your younger sister?
　　　B: She is still nine.

おそらくほとんどの生徒が最初の英文を「君の妹、何歳」と言う具合に訳

すであろう。How old 〜?は相手の年齢を尋ねるときの決まり文句として指導もされ、自分でもそのように覚えてしまっているからである。直訳調に「君の妹はどれぐらい年を取っていますか」と訳す生徒はほとんど皆無であろう。なぜなら、彼らの頭の中では「妹」という概念と「年を取っている」という概念、さらには応答文にある「まだ9歳」という概念が、相互に矛盾しているからである。でも、英語の発想を学ぶという観点からすれば、あながち「どれぐらい年を取っていますか」という和訳も捨てがたい。英語のHow old〜?という表現は「(0歳を基準として) どれぐらい年を取っていますか」という意味であり、それ自体に「年を取っていて高齢である」という意味合いは含まれていない。専門的には、「How old〜?」は無標であるが、「どれぐらい年を取っているの」は有標であるという言い方をする。この点を理解すると、次のような英文の面白みも理解できるようになる。

　　　　How old is this baby?

そもそもoldとbabyは単独では内容的に矛盾する単語である。それがHow old〜?になったとたんに、生徒の頭の中では解消されてしまう。生徒の頭の中では「How old＝何歳」という方程式ができあがっているからである。しかし、この方程式を金科玉条のごとく大事にしていると、How oldに含まれる英語の発想法にいつまでも近づけない。例えば、次の日本文を英語で表現させてみよう。

　　　　「この家は築後何年経過していますか」
　　　　「あなたの学校は創立何年ですか」

現在完了を習っている生徒であれば、ついHow many years have passed since〜?という複雑な英文を作り上げようとする。でも、実際は次のような簡単な英文で事足りる。

　　　　How old is this house?
　　　　How old is your school?

もちろん、「この家は何歳」あるいは「あなたの学校は何歳」という発想を自分なりに身に付けている生徒は、このHow old〜?という表現が使えるかもしれない。しからば、次の日本文に挑戦させてみよう。

　　　　「このケーキ、いつ頃作られましたか」

183

受け身文を習っている生徒であれば、
　　　　When was this cake baked?
という英文を思いつくかもしれない。しかし、これも
　　　　How old is this cake?
と、簡単に表現できるのである。要するに、「英語では人間だけでなく建物や食物さえも年を取っていく。そして誕生からどれぐらい年を取っているかを尋ねる場合には、How old～?を使う」という英語的発想をいったん身に付けていれば、次のような日本文にも対応できる。
　「古里のご両親には月に何回手紙を書きますか」
　「夕食まであとどれぐらい」

（5）複数の世界一の存在
　中学時代の自分に新鮮な驚きをくれた表現が他にもある。それは最上級に関する以下のような英文である。
　　　　This is one of the oldest buildings in Kyoto.
「これは京都にある最も古い建物の一つである」と、今ではさほど抵抗もなく理解し、自分でも使っている表現である。でも、中学生の頃はなかなか馴染めなかった。最近の中学生には、さほどのインパクトを与えていないのであろうか。その点はさておき、日本語の感覚からすると、最も古い建物は一つしか存在しない。日本語の発想では最上のものはただ一つしか存在しない。なのに英語では、「最も古い建物」がいくつも存在している。日本語の呪縛に捕らわれていた当時の自分にはどうしても納得できなかった。まともな説明も受けてこなかった気がする。幸い自分は、十分な説明を受けなかったことで英語に対する興味を失うことは無かった。おそらくそれ以上に日々新鮮な驚きに包まれていたからであろう。しかし、中にはこの問題に対してまともに説明してもらえないがために英語への興味を失い、挫折してしまう生徒もいたであろうし、今もいるであろう。今ではこの種の最上級表現に出くわしたときは、例えば今問題にしている one of the oldest buildings という表現に対しては、「最も古い（部類の）建物の一つ」という具合に自分なりの解釈を与えている。このようなスタンスに立てば、one of the most beautiful countries in the world という表現も one

of the highest mountains in the worldという表現もそのまますんなり心の中に落ちてくる。いずれにしても、この「複数の最上級」という発想は英語という言語の中にあって避けて通れない、いや避けて通ってはいけない文法項目である。コミュニケーション全盛期の今日、この種の表現を扱う場合も、どちらかと言えば絵を使ったタスクが主流に成りがちであるが、時には泥臭い日本語訳も英語的発想法を身に付ける上では効果的である。

（6）Yesは「はい」それとも「いいえ」
　中学校での英語の授業では次のような会話が飛び交う。

　　Do you like tennis?
　　　- Yes, I do. I like it very much.
　　Do you like English?
　　　- No, I don't. I don't like it at all.

Yesが日本語の「はい」に、Noが「いいえ」に対応しており、このことはほぼ全ての中学生に共有されている知識となっている。しかし、質問の形態によってはこの常識が覆されることになる。例えば、

　　Don't you have any brothers?
　　　- Yes, I do. I have two brothers.
　　　- No, I don't. I don't have any brothers.

日本語の世界においては、「ご兄弟はいらっしゃらないの」という質問に対して、「いいえ、います。二人も」あるいは「はい。一人もいません」と応答することになる。つまり、上の会話でのYesは「いいえ」、Noは「はい」と訳すことになる。こうように臨機応変にYesとNoの訳を切り替えることは、中学生にはなかなか難しい。

　さらに、否定疑問文への応答に使われるYesとNoの訳出法もさることながら、実際のコミュニケーションにおいて否定疑問文にリアルタイムで適切に答えるのは、英語上級者にとってもなかなか至難の業である。つい、次のような矛盾した返答をしてしまいがちになる。

　　Don't you have any brothers?
　　　- Yes, I don't. I don't have any brothers.
　　　- No, I do. I have two brothers.

時には、答えている最中に自分の応答の矛盾点に気づき、
　　　　－ No, I do. No, No, Yes, I do. I have two brothers.
と言い換えてしまう。相手にとっては迷惑な話である。このことからYesとNoが不明確な日本人というイメージが蔓延してしまう。英語での異文化理解どころか、異文化不理解の始まりである。

　では、一体どうしてこのような問題が生じてくるのであろうか。そもそも日本語の「はい」と「いいえ」は質問の内容の真偽性に対して判断を下す表現である。一方、英語のYesとNoは直後に肯定文あるいは否定文が続くという文法上の標識として機能しているのである。そこには形式よりも内容にこだわる日本語と、内容よりも形式にこだわる英語の基本的な性格の違い、強いては発想法の違いが表出している。

　実際、英語は表現上の形式に非常にこだわる言語である。形を大切にする言語と言えるであろう。状況主語のit（e.g. It is hot today.）や形式主語のit（e.g. It is difficult to master English.）なども形式にこだわる性格の産物である。この形式へのこだわりを理解させることも英語教育の重要な目標である。

　ところで、夏目漱石の小説には、否定疑問文への応答の仕方において明らかに英語的発想で書かれた箇所が散見される。

　　　「新聞に出るまでは些とも御存じなかったのですか」「いいえ」「御驚きなすったでしょう」（三四郎）
　　　「宅から使は来やしなかったかね」「いいえ」（それから）
　　　「どこぞへ出ましたかな。久一、御前の方へ行きはせんかな」「いいや、見えません」（草枕）

英文学者としても一流であった漱石ならではと、自分なりに解釈しているのだが。

（7）何が彼女をそうさせたか

　形式へのこだわりと言えば、いわゆる無生物主語にも言及する必要がある。大正時代に活躍した小説家・戯曲家藤森成吉の有名な戯曲『何が彼女をそうさせたか』（1927年に発表、1930年に映画化）には明らかに英語的発想の影響が見られる。それまでの日本語の発想には無かった表現であり、

それだけに当時の人々の注目を集め、流行語にもなった。

　日本語に無生物主語が無いわけではない。動詞がいわゆる自動詞の場合はごく普通に使われる。例えば、「春がきた」「夜の帳が降りた」「新しい問題が発生した」などはごく自然な日本語表現である。しかし、動詞が動作性を包摂する他動詞で、その動作の影響の矛先が人物に向けられている場合は、無生物主語が忌避される傾向にある。例えば、次の二つの日本文を比較してみよう。

　　「その知らせは彼を落胆させた」
　　「彼はその知らせを聞いて落胆した」

英語学習を通していわゆる無生物主語構文に無意識のうちにさらされてきた現代の日本人にとっては、どちらも正しい日本語と言えるかもしれないが、おそらく自然さという観点からすれば、まだまだ後者に軍配が上がりそうである。その結果、この命題を我々日本人が英語で表現しようとすると、"The news disappointed him." よりかは、"He was disappointed with the news." の出現率の方が圧倒的に多くなることが容易に予測される。同様に、外国人に日本訪問の目的を尋ねる場合、おそらく圧倒的に多数の日本人が "Why did you come to Japan?" という表現を選択するであろう。次のような無生物主語構文が使えるようになるまではかなりの英語修行が必要となる。

　　What made you decide to come to Japan?
　　What brought you to Japan?

考えてみれば、自分が大学入試のために英語の勉強をしていた頃は、次のような書き換え問題がもてはやされていた。

　　If you walk on for ten minutes, you will get to the park.
　　Another ten minutes' walk will take you to the park.

今冷静に考えてみれば、この種の書き換え問題を通して英語的発想も同時に学んでいたように思える。この種の書き換え問題が入試問題からはもちろんのこと、英語の授業からも消滅しつつある今日、なにか一抹の寂しさを感じざるを得ない。

4. おわりに

　ここに取り上げた事例は、英語という言語に埋め込まれている発想法のほんの一例にしか過ぎない。発想法と言えば、なんだか深遠な高級概念を想起させるが、中学校でも扱うような簡単な英語表現の中にも英語の発想法が隠されている。要は、教える側が意識するかどうかの問題である。英語教育界を席巻しそうな勢いで広がりつつあるタスク活動にはなりにくい指導事項ではあるが、このような英語的発想法を理解することこそ、英語教育が目標とする実践的コミュニケーション能力の重要な一部分を形成しているという立場から、授業の中で適切な指導が求められる。英語教育の最終目標は、詰まるところ、異文化間実践的コミュニケーション能力の育成だからである。

（伊東治己）

II−4 「コミュニカティブな文法？」
—情報伝達の観点から見た文法—

0. コミュニカティブな文法の必要性

　「コミュニカティブな英語教育」の場における、文法（指導）の影は薄い。このことは、「単語をとにかく言えばコミュニケーションできるから文法は必要ない。」とか「文法指導は入試対策のために必要。ただそのためにしている。」などの学校現場の声によく現れている。それに対し、例えば、カナダに一年ボランティアで行った経験があり日常会話レベルの英会話なら不自由しないというある大学院生の次のような発言が興味深い。「表面的なレベルの会話は苦労しないが、単語の羅列では深いレベルの会話がなかなか思うようにはいかない。もっと文法をしておけばよかったと思った。」このように、コミュニケーションのためには文法は要らない、要るという一見矛盾した状況があるが、これは従来の文文法を基盤とした文法は要らないが「コミュニケーションのための文法」は必要であると解釈すれば矛盾はなくなる。しかし、「コミュニケーションのための文法」（以下、「コミュニカティブな文法」と呼ぶ）とは、いったいどのようなものであるのだろうか。現在、英語教育のコンテクストにおいて「コミュニケーション」という言葉は、英語で会話をする事と同義に使われることが多い。「コミュニケーション」という言葉をそのように理解している人にとっては、「コミュニカティブな文法」とは、英語で会話をするのに役立つ文法ということになるのであろう。さらにそのような人は、以下に英会話のための、いわゆる「実用的」、「実践的」、「（現場で）すぐに役立つ」文法指導の具体例が語られることを期待されていることと思うが、残念ながら本稿はそのような性質のものではない。

　本稿における「コミュニカティブな文法」とはコミュニケーションの最

第Ⅱ部　基盤となる考え方

も重要な機能の1つである情報の伝達に焦点を与えることによって見えてくる言語の規則性といったものを意味する。以下の構成は次のとおりである。まず、第1節で文または文の集まりである談話を解釈することによって起こる情報伝達とはどのようなこととして捉えることが出来るのかという一つのモデルを紹介する。第2節では、第1節で導入した情報伝達の要素や概念をもとに、英語の文法を情報伝達の観点からどのように捉えることが出来るかをいくつかの文法項目を例に取り提示する。取り上げる文法項目は以下の通りである。いわゆる「aとtheの問題」と称される不定名詞句と代名詞を含む定名詞句の用法（の違い）、理由関係を表す接続詞 (because, since, as, for) の用法（の違い）、イントネーション、文強勢、能動態と受動態。

1. 情報伝達としての文・談話の解釈モデル—ファイル更新モデル (Heim 1982, 1983 の比喩的説明) —

　理論言語学の一分野である形式意味論の枠組みの一つに「動的意味論」というものがある。この枠組みの特徴は、文の意味をその文の真理条件とする伝統的な考え方と決別し、文の意味は（聞き手の）情報状態をアップデート（更新）する働き（関数）であるとする。この動的意味論のいう情報状態の更新という考え方でコミュニケーションの重要な機能である情報伝達を捉えることを提案する。具体的には、Irene Heimによって開発された動的意味論の一つである File Change Semantics（ファイル更新意味論）、厳密にはその理論そのものではなくファイルとファイルカードを使った理論の比喩的説明を本論における情報伝達としての文・談話の解釈モデルとして採用する。［注：本稿の理解にはファイル更新理論そのものを理解することは不必要であるが、興味のある方は原典 Heim (1982, 1983) を参照されたい。］

　（聞き手の）情報状態をファイルに喩える。ファイルには、聞き手が知識を持っているそれぞれの人やモノに対応するカードが一枚ずつ入っていて、それぞれのカードには対応する人やモノの情報が書き込んである。情報状態をこのように規定すると、（聞き手による）文の解釈をファイルの更新作業と見ることができる。ファイル更新で具体的にどのようなものが

第4章 「コミュニカティブな文法？」

想定されているか、次の談話を使って見てみよう。

(1) (a) A woman was bitten by a dog.
    (b) The woman/she hit the dog/it.
    (c) The dog/it jumped over a fence.

聞き手がこの談話を聞く前のファイルを F_0 とする。聞き手が(1a)の文を聞くと、ファイル F_0 に a woman と a dog のそれぞれに対応した1番と2番のファイル・カードを新しくファイル F_0 に入れる。（ファイル・カードには全て番号が振られるとする。a woman と a dog のファイル・カードそれぞれの番号1と2に特に意味があるわけではなく、1521と7でも構わない、大事なのは a woman と a dog に別の番号を割り当てることと、ファイル F_0 に入っているファイル・カードに既に使われている番号を避けること。）さらに、導入されたファイル・カードに(1a)の命題内容が書き込まれる。ファイル・カード1には "is a woman" と "was bitten by 2"。そして、ファイル・カード2には "is a dog" と "bit 1"。以上の操作により、ファイルは F_0 から下記の F_1 に更新される。

(2)
    F_1

1	2
- is a woman	- is a dog
- was bitten by 2	- bit 1

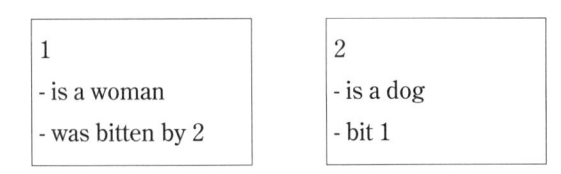

次に、(1b)の解釈に移る。(1a)と違うところは含まれている名詞句 the woman/she, the dog/it が不定名詞句ではなく定名詞句であることである。不定名詞句の場合と違い定名詞句は新しいファイル・カードの導入を促さない、その代わり既にファイルに存在しているファイル・カードの1つを同定することを要求する。（その同定の際には、定名詞句の性(gender)、数(number)、普通名詞句部分の属性に合致するファイル・カードに制限

191

される。)同定されたファイル・カードに問題の文の命題内容が書き込まれる。ここでは、*the woman/she*と*the dog/it*にそれぞれファイル・カード1、ファイル・カード2が選択され、さらにそれぞれのカードに "hit 2" と "was hit by 1" が書き加えられる。その結果、ファイルはF_1から下記のF_2になる。

(3)
 F2:

1 - is a woman - was bitten by 2 - hit 2	2 - is a dog - bit 1 - was hit by 1

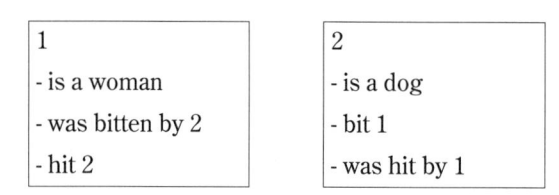

最後に、(1c)の場合を見る。不定名詞句 *a fence* によって、(1a)の場合のように新しいファイル・カード(番号3)が導入され、定名詞句 *the dog/it* によって(1b)の場合のように、既導入のファイル・カード1つが選び出され(この場合、ファイル・カード2)、そして両方のカードに(1c)の命題内容が書き込まれる。その結果、ファイルはF_2からF_3に変更される。

(4)
 F3:

1 - is a woman - was bitten by 2 - hit 2	2 - is a dog - bit 1 - was hit by 1 - jumped over 3	3 - is a fence - was jumped over by 2

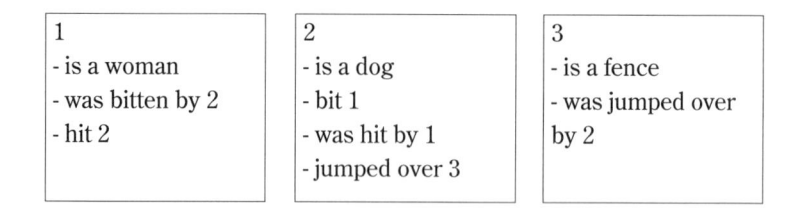

以上、文の働きが聞き手の情報状態をアップデートするとはどういうことであるかをファイル情報更新の比喩を用いて説明してきたわけである

が、文によって語られた情報をファイルに取り込む際、情報をファイルに「丸投げ」するのでのはなく、文によって語られた人やモノそれぞれのファイル・カードに整理して書き込まれる。さらに、ファイルに含まれるファイル・カードの数は固定しているわけではなく新しく付け加えられるなどの特徴を想定していることに注意していただきたい。［注：ファイル・カードの数が減る場合もあり得る。例えば、別の人だと思っていた二人の人が実は同一人物であるとわかった場合など。］

2. 情報状態更新の視点による文法項目の再解釈

前節で文及び談話の解釈を聞き手の情報状態の更新として捉える考え方をファイルの比喩を用いて具体的に見たわけであるが、この節では情報状態の更新の視点から文法をどのように捉えることが出来るのかを、具体的な文法項目の幾つかを例に取り考えてみたい。

2.1 情報のエントリーに関わる文法項目

談話(1)の解釈例において、文の表す（命題）情報を聞き手のファイルに入れてファイルを更新する際、情報は無造作にファイルに投げ込まれるわけではなく、話されている人やモノに割り振られているファイル・カードに整理して書き込まれるという見方を提示した。情報のエントリーがこうのような方式で行われているとすると、情報を書き込む際にどのファイル・カードに情報を書き入れるかということが問題になることが容易に想像される。実は、(1)の解釈において、不定名詞句と定名詞句の違いがまさにそのような例であることを見た。以下、このセクションでは不定名詞句と定名詞句の情報伝達における働きをより詳しく見ていくことにする。

2.1.1 （不）定名詞句

(1)の解釈で見たように不定名詞句と定名詞句の機能は情報状態の更新における操作として次のように記述することが出来る。

(5) 文の解釈において、不定名詞句に対しては新しいファイル・カードを導入し、定名詞句に対しては、既に導入されているファイル・カ

ードを1つ同定せよ。

しかしながら、(5)は、実用、例えば英語教育に供するには明らかに大雑把すぎる。なぜなら、定名詞句には代名詞 (*she, he, it*...)、*the* N、指示(代)名詞句 (*this/that* (N))があるが、(5)はそれらの違いを説明していない。しかし、例えば代名詞と指示(代)名詞句の間に用法の違いがあることは次のような例から明らかである。"John"という名の友達を別の友達に直接紹介するときの文として、(6a)は適当だが、(6b)は適当ではない。(#は後続の文の発話が当該のコンテクストでは容認不可能であることを示している。)

(6) a. This (gentleman) is John.
    b. #He is John.

(6a)と(6b)の文としての違いは主語が指示（代）名詞（句）か代名詞かの違いしかない、従って、(6a)と(6b)の容認性の違いはその違いに帰因していると考えられる。次の節で、定名詞句によって同定されるべきファイル・カードが既にファイルに導入されていることに加えて、ファイルのどの領域に導入されているのかも考慮に入れることによって(6a)と(6b)の容認性の違い、一般的に定名詞句間の用法の違いが説明されることを見る。

2.1.1.1 板原 (2000)

定名詞句間の違いの説明として板原 (2000)の論考が有用である。板原も名詞句の基本的機能を（聞き手の）情報状態更新の枠組（板原の言葉では「談話処理モデル」）で「名詞句の談話での基本的機能は、新しい要素を導入することと、すでに導入されている要素を同定することである」、と(5)と同義の規定をしている。しかし、板原はさらに進んで、ファイル（「知識ベース（談話資源）」）を領域分割すること、つまりファイル・カードの収納先に複数の可能性を設けることを提案した。それによると、ファイルは、まず「一般的知識」、「発話状況」、「談話記憶」の3つに分けられ、「談話記憶」はさらに「言語データ記憶」、「言語理解記憶」、「長期談話記

憶」の下位領域に分類される。ここで、談話資源の説明をかねて板原の談話処理モデルの図式（板原　2000: 238, 図2）を示す。

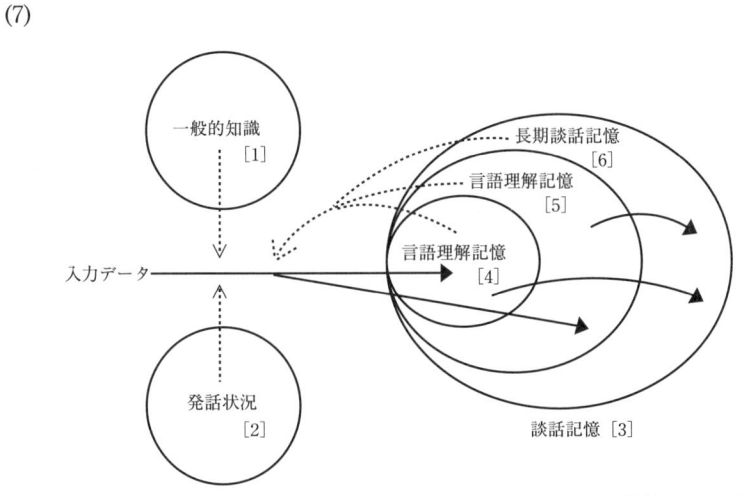

(7)

```
                    一般的知識
                      [1]
                                    長期談話記憶
                                       [6]
                                    言語理解記憶
                                       [5]
入力データ　　　　　　　　　言語理解記憶
                              [4]

                    発話状況
                      [2]              談話記憶 [3]
```

「一般的知識」の領域は、一般的知識になっている、言い換えれば「誰でも知っている」人・モノ・事物のファイル・カードが入っている領域である。具体的な例として次のリストを挙げる。

(8)　the North Pole　　the Equator　　　the earth
　　 the Pope　　　　　the Prime Minister　the President
　　 the last war　　　 the Romans　　　 the working class

「発話状況」は、会話や談話が行われている発話状況において直接その存在を見たり聞いたりすることの出来る、また直接見たり聞いたりすることが出来なくても話し手と聞き手が何のことを言っているのか解っている人・モノ・事物のファイル・カードが入っている領域である。

「言語データ記憶」は、上の2つの場合と違い言語表現によって導入される人・モノ・事物のファイル・カードが入る領域である。例(1)において、(1a)に現れている言語表現 *a woman* と *a dog* によって導入されたファイル・カードはこの「言語データ記憶」の領域に納められる。そして、そ

195

のファイル・カードは(1b)の解釈時にそれぞれ *the woman/she* と *the dog/it* のファイル・カードとして同定される。

「言語理解記憶」に入るファイル・カードは、「言語データ記憶」の場合と同様、言語表現によって導入されるのであるが、「言語データ記憶」の場合と違うのは、その導入が直接的ではなく「派生的」であるところである。例を見てみよう。

(9) John bought a bicycle, but when he rode it one of the wheels came off.

ここで問題になるのは *the wheels* である。定名詞句であることからそのファイル・カードがファイルに導入されていなければならないが、先行する談話には自転車の車輪を意味する言語表現は現れていない。しかし、*a bicycle* の存在によってその車輪の存在が正当化される。なぜなら、我々はこの世の中の一般的知識として、特に断りが無い限り、（全ての）自転車には（2つの）車輪があると想定するからである。この例によって、代名詞と *the* N の 2 種類の定名詞句の用法の違いに関する板原の理論を説明する。自転車のファイル・カードは *a bicycle* という言語表現によって導入されているので、言語データ記憶の領域に入っていると考えられる。それに対し、車輪のファイル・カードは *a bicycle* に関してのスキーマ的知識に基づき派生的に導入されたものであるため、上記の規則により言語理解記憶の領域に存在している。板原は、代名詞によるファイル・カードの同定を言語データ記憶の領域にあるものだけに限定し、*the* N の場合はそのような限定はなく言語データ記憶と言語理解記憶のどちらに存在するファイル・カードでも同定の対象となるとする。この規則は、(10)に示すとおり(9)の *it* を *the bicycle* で置き換えることが出来るが、*the wheels* を *them* で置き換えることが出来ない事実を正しく予測することが出来る。

(10)
    a. John bought a bicycle, but when he rode the bicycle one of the wheels came off.

b. *John bought a bicycle, but when he rode it one of them came off.

　代名詞によるファイル・カードの同定を言語データ記憶の領域にあるものだけに限定されることと、「発話状況」に存するファイル・カードの同定が指示(代)名詞句 (*this/that* (N))に限られるとすると、(6)のデータを説明することが出来る。板原 (2000)の定名詞句の用法に関するその他の知見はここでは省略する。なお、冠詞の用法と指導に関してはIto（2003）、代名詞の用法と指導に関してはTadokoro（2003）を参照していただきたい。
　以上、情報状態の更新（ファイル更新）における情報を書き込むエントリー（ファイル・カード）の新規導入と既導入のファイル・カードの同定、またファイル・カードを導入する場合、どの領域に導入するのか、ファイル・カードを同定する場合、どの領域を対象とするのかなどの情報エントリーに関わる操作として、不定名詞句と定名詞句の用法を規則化する可能性を見てきた。次に、話者が聞き手に文で情報を伝える場合、話者の聞き手が既に何を知っているか、また何を未だ知らないかの判断、いわゆる「旧情報・新情報」に関わる文法項目の幾つかを見てみよう。

2.2　旧情報と新情報の区別に関わる文法項目

　まず、旧情報 (old information)とは話し手が聞き手も知っていると思っている情報、そして新情報 (new information)とは話し手が聞き手は知らないだろうと思って伝える情報と定義する。ファイル更新の比喩では、旧情報と新情報はそれぞれ（聞き手の）ファイルに既に書き込まれている情報とこれから書き込まれようとしている情報に相当する。

2.2.1　理由関係を表す接続詞-because, since, as, for

　旧情報と新情報の区別が用法に関わっている文法項目の例として、理由関係を表す接続詞のケースを検討しよう。

　(11)　Dave: What shall we give Clare?
　　　　Gill: a. Well, as she likes reading, we could give her a book.
　　　　　　　b. Well, we could give her a book because she likes reading.

Daveの質問に対してのGillの二通りの回答が示してあるが、この二通りの回答にはなにか違いがあるのであろうか。明らかな違いとしては、理由関係を表す接続詞が(11a)では "as" であるのに対し、(11b)では "because" である。さらに、Clareが読書が好きである事を表す節とDaveとGillがClareに本を贈る提案を表す節の前後関係が違うことが挙げられる。実は、それらの明らかな違いの他に情報状態に関する違いがあるのである。(11a)はGillがClareが読書が好きである事をDaveも知っている（と思っている）つまりClareが読書が好きである事が旧情報である時に適切な答えであるのに対し、(11b)はClareが読書が好きである事が新情報であるときに適切な答えなのである。したがって、(11a)と(11b)の適当な訳はそれぞれ(12a)と(12b)の様なものになる。

(12) a. そうね、（あなたも知っているとおり）Clareは読書が好きだからねえ、本を贈ったらどうかしら。
b. そうね、本を贈ったらどうかしら。なぜって、Clareは読書が好きなのよ。

ちなみに、情報状態などのコンテクストを考慮に入れない文文法では、このような(11a)と(11b)違いを説明することは出来ない。文文法では、(11a)と(11b)のどちらの文もDaveとGillがClareに本を贈る提案を表す節にその理由を表すClareが読書が好きである事を表す（従属）節がくっついている同じ統語構造を持ち同じ意味を持つとしか言うことが出来ないからである。

上記の*as*と*because*の用法の違いに関しては、田鍋 (2000) によれば、Dijk (1977) やWiddowson (1978) などが「becauseは新情報 (new information) を伝え、since, asは旧情報 (old information) を伝える」と言っている、また関連して、理由関係を表すもう一つの*for*について、Thomason and Martinet (1981) には次のような記述がある、ということである。"A *for*-clause cannot be mere repetition of what has been already stated, but always includes some new piece of information." 理由関係を表す以上四つ

第4章 「コミュニカティブな文法？」

の接続詞に関して、*as*と*since*は旧情報になっている事柄を理由に取り、*because*と*for*は新情報の事柄を理由として提供する、とまとめることが出来る。

2.2.2 イントネーション- the fall-rise tone, the fall tone

　旧情報と新情報の区別は、上で見たように語彙の選択（や句・節の現れる位置）に関係するだけでなく、音声面との関連性も持っている。(Brazil 1978, 1985, Brazil et al. 1980, Bradford1988)　この節では、イントネーション、その中でも「下降トーン」と「下降・上昇トーン」の2つのトーンを扱う。

　Bradford (1988)によると、下降トーンと下降・上昇トーンはそれぞれ(13)と(14)のように使用される。

(13) 下降トーン　The FALL tone (↘)

話者は聞き手にとって新しいと思う情報を含む発話の部分で、つまり聞き手が未だ知らないことを述べるときに下降トーンを使用する。
Speakers use falling tones in parts of utterances which contain information they think is new for their hearers - when they are telling them something they don't already know. (Bradford 1988:12)

(14) 下降・上昇トーン　The FALL-RISE tone (∨)

話者は聞き手が既に知っていたり経験していると思う考えを含む発話の部分で下降・上昇トーンを用いる。話者は（下降・上昇トーンで）会話のその時点で聞き手と共有している事柄を言及する。
Speakers use fall-rise tones in parts of utterances which contain ideas they think their hearers already know about or have expericence of. They refer to something shared by themselves and the hearers at that point in the conversation. (Bradford 1988: 13)

つまり、下降トーンと下降・上昇トーンはそれぞれ新情報と旧情報に関わる句・節に特徴的に現れるトーンと言うことが出来る。具体的な例として、前節の(11a)と(11b)がどのようなイントネーションで発音されるかを考えてみよう。前節と上記の内容から、(11a)と(11b)がそれぞれ(15a)と(15b)に表記されるイントネーション・パターンを取ることが解っていただけると思う。

(15) a. Well, //↘↗as she likes READing, //↘we could give her a BOOK.//
b. Well, //↘we could give her a BOOK // ↘because she likes READing.//

次に、(16a)と(16b)のBの発話は単語の配列という意味では同じ文であるが、音声面、この場合イントネーションは、(16)の表記から分かるとおり、同じではない。(16a)では "I'm going to the theatre" の部分は下降・上昇トーンで発音され、"on Saturday" の部分は下降トーンで発音される。(16b)ではその逆になっている。その理由は、(16a)においては、Aの発話によって劇場に行くことが言及されており、Bの発話の時点において「劇場に行くこと」は旧情報であるから、その情報に対応する部分である "I'm going to the theatre" が旧情報トーンである下降・上昇トーンで発音され、「土曜日に（劇場に行くこと）」という新情報は新情報トーンである下降トーンで発音される、と理解される。一方(16b)においては、Aの発話で「土曜日に（なにかすること）」が言及され、その結果、Bの発話の時点で旧情報になっているため、対応する "on Saturday" の部分が旧情報トーンである下降・上昇トーンで発音され、新情報である「（土曜日にすることは）劇場に行くこと」に対応する "I'm going to the theatre" が下降トーンで発音される。

(16) a. A: Let's go to the theatre.
B: //↘↗I'm GOing to the THEatre// ↘on SATurday.//

b. A: What are you going to do on Saturday.
　　B: // ↘I'm Going to the THEatre// ↗on SATurday.//

なお、イントネーション指導と教材作成に関してはSasaki (1997)を参照していただきたい。

2.3　いわゆる「強調」
2.3.1　文強勢

　本節では、学校英文法において「文の強調したい部分は強く読む」という規則で表される事の多い文強勢を扱う。ところで、「強調」という言葉は様々な場面で用いられてきたこととあまりにも一般的な言葉で、人それぞれの個人的な解釈が先に立ってしまうため専門用語としては適当ではない。そこで、以下では言語学で一般的な「焦点」(focus) という言葉を用いる。まず、具体的な例、(17)から検討してみよう。（大文字になっている語（句）はその語（句）に強勢があることを示す。）

(17)　a.　A: Who loves Mary?
　　　　　B: JOHN loves Mary/her.

　　　b.　A: Who does John love?
　　　　　B: John/he loves MARY.

　(17)での強勢の分布規則は次のように一般化することが出来る。Wh-疑問文において、回答文の語（句）の中、疑問文のWh-句（この場合、*who*）の現れている場所に対応するものが強勢を受ける。この論文のテーマである情報伝達の視点からこの強勢の規則はどのように解釈することが出来るのであろうか。Wh-疑問文は基本的に次のように考えることが出来る。Wh-疑問文で質問者はそのWh-語句のところに入れると真である文ができあがるようなモノや人（の名前）を挙げてくれるよう被質問者に要請している。具体的には、(17a)と(17b)の質問・回答で起きている情報伝達をファイル更新の言葉で説明すると次のようなものになると考えられる。まず、

201

(17a)の質問者Aは "Who loves Mary?" という質問によって自分のファイルの（ある）ファイル・カードに "＿ loves Mary" のような "who" のところが空所になっているような書き込みがある事を示し、回答者Bはその空所を埋める情報を伝えるのだと理解される。ここで "＿ loves Mary" のような空所のある（不完全な）命題情報を「開命題情報」(open propositional information)、と呼ぶことにする。そして、開命題情報の空所部を「焦点部」と呼ぶことにする。従来、「強調部」と呼ばれていたところである。これらの用語を使うと、回答文はWh-疑問文によってファイルに存在することが示された開命題情報の焦点部を埋める働きをするといえる。(16b)は開命題情報が "John loves ＿" である場合である。

最後に、この節「文強勢」が「旧情報と新情報の区別に関わる文法項目」の下位節に分類されているが、どういう意味で文強勢が旧情報・新情報と関わっているのかをまとめておくことにする。文強勢は焦点の標識である。さらに、焦点は開命題情報がファイル（・カード）に存在することをを示す。開命題情報は定義によりそのままでは命題ではないため命題情報を表すことは出来ないが、空所に "someone"（「誰か」）とか "something"（「何か」）のいわゆる存在代名詞を補う事によってできあがる命題内容を持つとすると、開命題にも命題情報を想定することが出来る。この開命題に連想される命題を旧情報とする背景で、回答者が開命題の空所、つまり焦点部を強勢を持つ語句で同定する命題を新情報として伝達すると考えることが出来る。例えば、(17a)においてAは疑問文 *Who loves Mary?* の発話によって開命題 "＿ loves Mary" に連想される命題 "Somone loves Mary" を導入する。その命題が旧情報である状況で回答者Bは開命題 "＿ loves Mary" の焦点部が "John" である命題、つまり "John loves Mary" を発話する。

以上この2.2節では、語彙、ここでは接続詞の選択、イントネーション・パターン、さらに文強勢の分布などの言語規則がいわゆる「旧情報・新情報」に関わるコンテクストに支配されていることを見てきた。このことは、文法・発音指導を上記で見たような情報コンテクストを考慮せずに行うとコミュニケーション上、不適切さが生じることが容易に予想される。例えば、(17b)Bを *Mary* ではなく *John* に強勢をおいて発音すると、「ジョ

ンは誰を愛していますか」という質問に「ジョンがメアリーを愛している」で答えるようなおかしい回答になってしまう。なお、文強勢とリズムの指導と教材作成に関してはTada (2002)を参照していただきたい。

2.4 情報の提示の仕方に関する文法項目

　第1節で文の解釈による情報伝達をファイル更新のモデルを使って説明したが、ファイル更新の方法は概略、次のようなものであった。文の要素の中、名詞句に対しては、それが指示するモノや人を表すファイル・カードを導入するかまたは既に導入されているファイル・カードを同定し、述語句に対しては関係するモノや人のファイル・カードに述語句の表す性質や関係を書き込む、といったものであった。その際、文の中に2つ以上の名詞句が現れた場合、それぞれの名詞句に対応するファイル・カード全てに同じ命題情報が書き込まれた。例えば、(1b)の "The woman/she hit the dog/it" という命題情報は、(3)のファイルに見られるように女性のファイル・カード1と犬のファイル・カード2の両方に書き込まれている。このことはファイルに同じ命題情報が重複して書き込まれていることを意味し、コンピューターの比喩で言えばメモリへの書き込み作業の省力化とハードディスク・スペースの節約という意味で、どれか一つのファイル・カードへの書き込みの方が望ましい、と考えられる。以下この節では、純粋に効率性という意味で望ましいだけでなく、文の命題情報をその文に現れる全ての人やモノのファイル・カードに書き込むのではなく、どれか一つに選択的に書き込む方法が、言語学的概念である主題（トピック）の分析に有用であり、さらに文法事項、ここでは受動態の説明にも応用可能性があることを見ていくことにする。

2.4.1 主題（トピック）

　英語には無いが、日本語や韓国語などに有るものにいわゆる主題（トピック）の標識形態素がある。日本語では係助詞の「は」と韓国語では -nun がそれにあたる。文のある語句がその文の主題であることを示す機能が言語に存在するのはどうしてであろうか。仮説の域を出ないが、我々が（この世の中の）情報を伝えたり格納する際、その情報を何か1つのモ

ノ・事柄や一人の人「について」の情報として伝えたり格納しているのではないかと考えられる。このような見方によると、主題標識形態素は人間の情報伝達・格納に関する上のような認知的特徴の反映と見ることができる。英語には主題標識形態素は無いと述べたが、これは主題という概念自体もないということを意味していない。英語では、主語が主題である傾向が高い事や、アクセントを置かない ("deaccent") ことで主題であることを示すことなどが指摘されている。ここでは、単純化のために英語では主語の位置が主題の標識ということにして、つぎのような仮説を立てることにする。

(18) 英語の主題句に関する仮説
英語では主題が明示的に文に現れる場合、主語の位置に現れる、つまり主語が主題句である。

具体的な例として、(19)を考えてみよう。(19a)と(19b)は、両方とも「太郎が花子を愛している」という命題内容を表しているが、(18a)は能動態で(18b)は受動態の文である。ここでは、(19a)と(19b)の主語がそれぞれ *Taro* と *Mary* であることに注目する。(18)によると、(19a)と(19b)の主題句はそれぞれ *Taro* と *Mary* ということになる。このことは、例の右横に付されている日本語訳においてそれぞれ「太郎」と「花子」に係助詞「は」が付いていることによっても裏付けられる。従って、(19a)は「太郎が花子を愛している」という命題内容を太郎「について」、また(19b)は花子「について」の情報として、Vallduví (1990)の言葉を借りれば「包装」(Information Packaging)しているのである。

(19) a. Taro loves Mary.（太郎は花子を愛している。）
b. Mary is loved by Taro.（花子は太郎に愛されている。）

ところで、主題句 (topic phrases)の機能は情報更新の観点、具体的にはファイル更新のモデルではどのように解釈することが出来るのであろうか。次の解釈を提案したいと思う。

(20) 文の解釈による情報の書き込みの際、関係するファイル・カードが全て同じ重要度を持つのではなく、その中の1つが書き込みの中心として指定される。主題句はその書き込みの中心になるファイル・カードの指標である。(Reinhart 1982, Vallduví 1990, Portner and Yabushita 1998)

(20)の帰結として、同じ命題内容を持つが主題が違う2つの文は異なる情報更新を行う。例えば、(19a)と(19b)による情報更新の結果、ファイルはそれぞれ(21a)と(21b)のようになる。

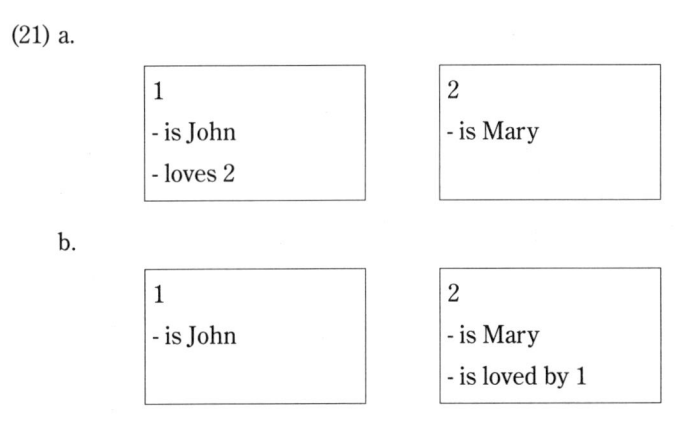

(21) a.

| 1
- is John
- loves 2 | 2
- is Mary |

b.

| 1
- is John | 2
- is Mary
- is loved by 1 |

*John*を主題句に持つ(19a)によるファイル更新の結果である(21a)は*John*に関する1番のファイル・カードだけが "John loves Mary" という命題情報で更新され、*Mary*を主題句に持つ(19b)の場合は、Maryに関する2番のファイル・カードだけが更新されている。このような選択的ファイル更新メカニズムによる主題句機能の分析の妥当性や理論的意義に関してはPortner and Yabushita (1998)を参照されたい。

2.4.2 受動態

この節では、前節で提示した主題の情報更新の視点からの分析をもとに、

第Ⅱ部　基盤となる考え方

文法項目である受動態をどのように捉えることが出来るかを見る。先ず、具体例を検討してみよう。（例文の前に付してある?は、その文の当該コンテクストでの発話は不自然であることを示す。）

(22)
 a. A: John looks worried.
  B: John/He broke the statue/it.
   ?The statue was broken by John.

 b. A: There's something wrong with the statue.
  B: ?John/He broke the statue/it.
   The statue/it was broken by John/him.

　(22)のBの発話として能動態の *John/He broke the staute/it.* と 受動態の *The statue/It was broken by John/him.* の2つの間に自然さの違いがある。(22a) の場合は能動態が自然で受動態が不自然であり、(22b)の場合はその逆になっている。(22a)と(22b)におけるAの発話の結果、Bの発話時における主題がそれぞれJohnとthe statueとすると、上の（不）自然さのデータを次のように説明することが出来る。発話時の主題を表す名詞句が主題の位置、すなわち主語として現れている文の発話が自然である。このことから、受動態の情報伝達的機能（の一つ）は、次のように表現することが出来る。

(23) 受動態は、能動態では主語の位置に現れる事の出来ない名詞句を主題にするための仕組みである。

(23)の証拠として次の例文をご覧いただきたい。

(25)
 a. A: John looks depressed.
  B: He has broken up with Mary.

?Mary has broken up with him.

　b. A: Mary looks happy.
　　 B: She has broken up with John.
　　　?John has broken up with her.

　(25)の（不）自然さのデータも、(25a)と(25b)におけるBの発話時の主題がそれぞれJohnとMaryであるとすれば、(22)の場合と同じように説明できることはお解りなっていただけると思うが、ここで注目していただきたいことは、Bの発話文の使用されている述語 "break up with" は "meet" などと同様に対称的な関係を表す述語で "X break up with Y" が成り立つときは動詞の形を変えなくても "Y break up with X" がなりたち、XもYも態を変えることなく主語の位置に現れることが出来る。したがって、(25)のBの発話に(22)の場合と違い受動態を必要としないことが説明される。

3. 終わりに

　以上、本稿は、「コミュニカティブな文法」というテーマで、コミュニケーションの重要な働きの一つである情報伝達の観点から見た文法はどのようなものであるかの一試案を、ファイル更新のモデルを使って幾つかの文法項目を再解釈する形で提案してきた。しかし、これはあくまで試案であってこれまでの文文法に基づく伝統文法に完全に取って代わるべき文法体系が樹立されているわけではないが、本稿をお読みになった読者が情報伝達の立場からの文法の必要性を理解していただければ幸いである。

（藪下克彦）

II-5　言語活動と文法指導
TBLTと社会・文化的アプローチの融合への試論

1. はじめに

　平成6年の高等学校学習指導要領に登場した「オーラルコミュニケーションA,B,C」という新科目に象徴され、また、平成14年施行学習指導要領において「実践的コミュニケーション能力」というタームで更にその印象を強めたように、わが国の中等教育レベルにおける英語教育は、「コミュニケーション志向」にその特徴を集約することができる。このコミュニケーション重視の背景には、1980年代、それまでの文法・訳読式教授法からの反動をばねにして、主としてイギリスを中心に考案され、その後世界的に流布していったCommunicative Language Teaching (CLT)の影響がある。CLTは目標言語の使用を通じて言語習得を促すアプローチの総称であり、その中身はaudiolingualism の拡張版として捉える向き（Burns, 1984）からTask Based Language Teaching（TBLT）までを射程に収める場合まで実にその範囲は広い[1]。

　本節では、わが国の中等教育における英語教育にこれまで影響を与えてきたcommunicative language teaching (CLT)の中でも、特にTBLTのコミュニケーション指向と文法指導の二面性の再吟味を行う。加えて、80年代以降、認知心理学の分野でヴィゴツキーとその学派を源流とし、いわゆる「社会・文化的アプローチ」や「状況認知」として知られている学習論を概観するとともに、その学習論の本髄である「状況性」の視点からCLTやTBLTを考察したときに、これらの指導理論にどのような限界点があるのかを吟味する。それを踏まえた上で、社会・文化的アプローチ、状況認知的アプローチを学校英語教育の読み取りの視座に援用し、より「本物(authentic)」に近い言語活動を通してコミュニケーションを図る枠組みを

提唱するとともに、その枠組み内における文法指導の可能性について考察を加えることを目的とする。

2. TBLTにおけるコミュニケーションと文法指導の再吟味

目標言語の使用を通じて言語習得を促すCLTが80年代に期待感を込めて歓迎されたものの、90年代に入り、CLTによる成果が疑問視されるようになった。その背景には、学習者の中間言語(interlanguage)に内在する誤りの訂正をできるだけ控え、意味理解を重視するというCLTの言語習得観によって、果たして理論どおりの成果が期待できるかという疑問があった。例えば、カナダにおけるフランス語と英語のimmersion教育では、第二言語に接触する時間が十分に確保されているにもかかわらず、学習者の中間言語には文法規則や社会言語能力が母語話者ほど満足に育成されていない（Genesee, 1987; Swain, 1985）という事実がある。また、そもそも第二言語を学習する場合、幼児の母語習得との相違のひとつは、言語規則を習得の一助とするか否かという点にある。ことに中等教育以降の年齢に位置する臨界期を過ぎた学習者にとって、言語規則の理解は外国語習得の要のひとつであることは疑う余地もなく、このことからもCLTに対する上記の疑問はごく妥当なものであったといえる。

そこで、一方では言語の意味理解とその使用を目標としつつも、他方で言語規則への意識をも促すような教授方法の概念の提案が期されていたが、やがてLong（1991）がその概念をfocus on formという形で公表したのは、正に時機を得ていたということがいえる（Fotos, 1998）。

その後、Long and Robinson(1998)は、言語の意味重視と形式重視の度合いを指導法とシラバスの関連性で整理した上で、文法訳読教授法やaudio-lingual教授法をfocus on formSと規定している。そして、その対極に意味重視(focus on meaning)の指導法としてNatural ApproachやImmersionを捉えつつ、両者の中間にfocus on form[2]を捉えており（図1）、その代表的な指導法としてTBLTやcontent-based LTを据えている。

analytic	analytic	synthetic
focus on meaning	focus on form	focus on formS
←――――――――――――――――――――――→		
Natural Approach	TBLT	GT, ALM, Silent way, TPR
Immersion	Content-based LT	
Procedual syllabus	Process Syllabus (?)	Structual / N-F Syllabus

図1　言語の意味・形式重視度と指導法、シラバスの関係

(Long& Robinson, 1998: 16)

　Focus on formを標榜するTBLTの言語習得の論拠は、タスク活動を通しての対話者とのやりとり(interaction)の中で起こる意味交渉(negotiation of meaning)にある。この意味交渉の過程で、学習者は対話者から訂正フィードバック(negative feedback)を受け、それによって言語習得が促進されるという（Long、1996)[3]。したがって、タスク活動を設定する際には、対話者からの意味の確認のための聞き返し(confirmation check, clarification request)や正確なL2による言い直し(recast)を設定する工夫が求められる。一方、タスク活動による言語習得促進の引き金を、学習者のアウトプットに求める論拠もある（Swain, 1995, 1998)。すなわち、不正確なアウトプットが学習者に自己の第二言語の不足を自覚させ(noticing)、より正確な第二言語のアウトプットへと修正を試み(hypothesis testing)、対話者と対象言語に対する文法的規則上の確認(meta talk)をしあい、第二言語への正確性を習得していくという仮説[4]である。

　タスクは意味交渉やアウトプットを産出するためのいわば道具の役割を果たすが、その定義については、研究者によって捉え方にかなりの幅がある。その特徴をSkehan(1998)に求めれば、おおむね次の5点に集約されよう。すなわち、①言語使用の重視、②他の学習者の発話を繰り返すだけにならないよう配慮すること、③タスク活動に日常世界との何らかの関連性があること、④タスクに完結性があること、⑤活動の評価はタスク活動の結果によること、である。

　しかしながら、このような半ば抽象的ともいえる定義から言語使用と言

語規則の両面に効果のあるタスクを設定するのは容易なことではなく、そのために、TBLTの真髄ともいうべきfocus on formについて、その曖昧性を払拭し、具体的実践に向けての考察がなされてきた。例えば、Doughty and Williams (1998)は、focus on formの先行研究を概観し、focusするformを教師が前もって規定する(proactive)かしない(reactive)か、また、focusするformにどのような言語形式を考えるのか、といった問題点を詳細に考察している。それによれば、formを前もって規定せず、授業中における学習者のアウトプットの誤りを観察しながらそのつどformにfocusする方が、言語の意味理解と使用への滞りが少ない。また、焦点化する言語形式も、いわゆる文法規則のみならず、学習者によって形態素、語彙、音韻など一様ではないという。しかし、このような考察結果は教師にかなりの経験を要求し、加えて、わが国の学校英語教育のような大規模クラスの一斉授業には馴染まない部分が多い。事実、Doughty and Williams自らが認めるように、これらは主としてESL環境での考察であり、限られたL2との接触量しか保障されておらず、しかもこれまで入試のための言語規則理解中心の授業を受けてきた学習者にとって、Output hypothesisが理論通り機能することは疑問であろう (Doughty & Williams, 1998: 200)。

　EFL環境における日本のTBLTを精緻に考察した高島(2000)では、上記のようなfocus on formに関する曖昧性を、タスク活動の中に「2つ以上の言語構造比較があること」という前提条件を設けることによって回避しているとも見ることができる。すなわち、いつ、どのようなformに焦点化するかという問題に対し、タスク活動の中にfocusすべき文法規則を埋め込むことによって、経験や直感といった教師要因にできるだけ影響されることなく、どの教師でもコミュニケーションと文法指導の両立を目指すことを可能にする試みとも解釈できるのである。

　ところで、研究者によって様々な定義が見られるのがタスクの現状ではあるが、そこに共通するひとつの性質がある。それは、タスクに状況性を想定しない（context-free）という点である（Bygate, Skehan, & Swain, 2001）。言いかえれば、タスクのプロセスよりも結果を重視する見方であり、先のSkehanの定義では、タスクをその完結性で捉え、タスク活動の評価をその結果で吟味するという点が、この見方を反映しているといえよ

う。しかしながら、日々の教育活動は真空空間で行われているわけではなく、どの教室実践にもタスク活動を行う際にそのプロセスが存在する。この点、Ellis（2000）はTBLTについての研究を批判的に考察する際に、実証的研究だけでなく、社会・文化的理論に基づいた研究についても吟味を加え、その意義と限界を指摘している。これは、いわばタスクについて結果を重視した実証的研究だけではなく、タスクのプロセスを対象とした研究の重要性を指摘しているとも解釈できる。次節では、CLT, TBLTの限界性を考察するための前段階として、状況認知的アプローチ、文化・社会的アプローチの概念を概観する。

3. 状況認知的、社会・文化的アプローチによる学習論

　90年代から顕在化してきた「学び」の捉え方の特徴に、日常における認知行動と学校での学習との乖離に注目し、「学び」を様々なリソース[5]に媒介された活動である点に着目した捉え方がある。これまで教室での学習とは、常に学習者個人の頭にまとまった知識や技能を獲得することであり、知識とは、状況から切り離されたものと考えられていた。しかしながら、我々が実生活の中で行っている学習は、このような学習観とはかなりかけ離れた学習観に支配されていることが指摘されている。例えばResnic（1987）は日常生活と学校生活における認知活動の相違点を4点に簡潔にまとめているが、それによれば、学校における学習はあくまでも個人を認知の単位とするのに対し（individual cognition）、日常生活においては、共同作業を通じた共有された認知（shared cognition）が重視される。第二に、学校における学習の根幹を成すのは、純粋な思考（pure thought）であって、道具に媒介された活動ではない。コンピューターのような学習支援のための道具であっても、試験のような学習活動の根幹を成す局面ではそのような道具の使用は制限されるのが通常である。一方、日常生活における活動の殆どは道具に媒介された活動であるといえ、その活動の成果も媒介する道具に左右されることが多い。第三に、日常生活において、我々は状況に応じて様々な文脈的推論（contextualized reasoning）を実行することが重要視されるのに対し、学校での学習は、シンボル操作（symbol manipulation）である点に際立った差異が見られるという。例えば、ダイ

エットプログラムで、コテッジチーズの使用量が規定量の3分の2の量からさらに4分の3だけを使用することになっている時、学校での学習ならば2/3×3/4=1/2というシンボル操作によって計算されるところであるが、日常生活では、まずコテッジチーズの容器から2/3を目分量で抽出し、さらにそれを丸く延ばした後、4等分した3つの部分を取り出すというような方法で文脈的推論を実行しているのである[6]。ここでの計算は、いわばコテッジチーズという柔らかい性質を持った食材それ自身が計算の道具となったわけで、計算者は行為によって計算をしたということができる[7]。最後に、学校における学習は卒業後の生活に不自由しない程度の全般的な知識を身につけることを重視し、その知識が状況に応じて発揮されるかどうかは比較的考慮の対象外であるのに対し、日常生活での学習はある固有の状況における能力を育成するためのものであるという。

　このような学習観の対比を端的に述べるならば、学校における学習が学習者個人を学習活動の対象単位とする傾向にあるのに対し、日常生活における学習は決して個人をその単位に置いているのではなく、あらゆるリソースを媒介とした活動に単位を置くということである。この学習観は、学習や発達を道具による媒介活動として解釈するヴィゴツキーの学習・発達論にその源流を見ることができる。つまり、主体が対象に与える行為はすべて道具によって媒介され、一連の道具の中でも、とりわけ言語の果たす役割に注目し、有能な他者を学習の文脈に大きな影響を与える媒介として捉えるのである。そして、他者との相互作用を通じて他者からの語りを自身の中に取り込み、それによって自己の行為を制御することができるようになっていく過程（内化: internalization）を学習の単位として捉えた点が注目に値する。さらに重要なことは、こうした内化を通じて学習者が言語をコントロールしていく過程は、学習者に生得的に備わっているのでないばかりか、自然発生的、あるいは恣意的に行われるのでもなく、特定の社会、文化、歴史の文脈の中に共有され、伝承されてきた技術のようなものであるとしている点である。すなわち、人間の認識とは、社会・文化的に構成されたものであるということができるのである。

　学習がリソースとの媒介の活動であり、媒介するリソースとの関係・状況に応じて学習は異なるという学習観は、学習が個人の認識構成の活動に

加え、他者や道具との相互作用通じてそれらの諸変数と影響を与え合いながら形成されるという考え方で、社会的構成主義の立場に立つものである。個人の能動的な知識構成の活動を認識成立の基本と捉えるという点では構成主義の学習観と共通の前提に立つものの、社会的構成主義の学習観は、他者と相互作用する中で知識が共同構築されていく過程が認識成立に重要な活動になっていると捉え、言語による他者との対話的相互作用の過程を重視する[8]。この点、個人が外界との相互作用で得た経験を手がかりとしながらも、あくまでも自己の内部に認識体系が自発的に形成されていくという構成主義の学習観とは袂を分かつのである。

　社会的構成主義の立場に立ち、日常生活の認知活動の視座を教室での学びに援用したBrownらの研究は、教室における学習を認知的徒弟性(cognitive apprenticeship)という概念で捉えている(Brown, Collins, & Duguid, 1989)。具体的には、教室における学習者の学びを、教師や熟達者が実践する本物の活動（authentic activity）に参加することによって、そこでの活動を観察・摸倣（modeling）し、教師や熟達者から援助（coaching）を受け、足場(scaffolding)を作ってもらいながら、自分ひとりではできない内容を自分の中に取り込んでいく。やがて自力でスキルの行使を試みながら、それをモニタリング(monitoring)し、教師や熟達者からの足場をしだいに緩め（fading）、ついには完全に自力で次学習のレベルへと探究(explore)していく、というものである。そこには学習者の学びのプロセスへの明確な自己意識と動機づけが存在する。

　また、佐伯(1995)は、教室での学びをそこでの文脈の中に埋め込まれた活動として考えたとき、教室での授業は「自分探し」、ないしは「作品づくり」の実践であるとしたうえで、学ぶという行為をそこへの「参加」として捉えている。授業が子どもひとりひとりの「自分探し」であり、かつ、その行為が教室の他の子供たちとの「学びの共同体」の中で実践されること、そして、その共同体が共有する意味体系の吟味、享受、再構築を単に教室内に留めるのではなく、それらを地域社会や将来に広がる世界にまで結びつけて考えるという点において、授業が「文化的な実践」であり、学びとは、そういった「文化的実践」への「参加」であるとしている。

4. 状況認知的アプローチから見たCLT, TBLTの限界性

　以上のような状況認知的視点からCLTを検証したとき、CLTの限界性が浮かび上がってくる。それは、CLTが現実場面を教室内に持ち込んではいるものの、そこには、熟達者とともに「本物の活動」に参加し、熟達者のスキルを観察しつつ、その援助を受けながら活動に関るという視座が欠落しているという点であり（杉本, 1990）、CLTの活動からは、決して自分探しの作品づくりや文化実践への参加という概念は生まれてこないという点である。学校英語教育の現場でしばしば見かける道案内のロール・プレイも、ただ単に現実場面を教室内に設定し、場面の現実感のみを頼りに活動を進めているに過ぎない。そこには学習者が教室内で道案内する必要性も存在しなければ、傍らに熟達者がいて、道案内を鮮やかにこなす熟達者からの足場づくりが実現したり、その熟達者を模倣するような「本物の活動」への参加という概念は存在しない。

　加えて、近年、TBLTのプロセス面に焦点を当てた研究も見受けられるようになっており、その中でも、例えばSeedhouse(1999)は、学習者のタスク実行時の発話プロトコル分析を通して、意味交渉(negotiation of meaning)から訂正フィードバック(negative feedback)を経てそれらが習得を促すというTBLTの理論への反例を提示し、TBLTの有効性へ一石を投じている。次節では、TBLTのタスクに状況性を付与し、コミュニケーションと文法指導の両立をより効率的に目指すための枠組みについて考察したい。

5. ミュニカティブな文法指導：新たな枠組みへの提言

　TBLTはタスクを通してコミュニケーションと文法指導の両立を図ることを目指す教授概念であるが、状況認知的アプローチの視座からすれば、タスクとは、教室での英語による活動に「状況性」を付与する役割を担っているとも解釈できる[9]。

　ここで、言語の使用重視・形式重視の軸と、客観主義・構成主義[10]から社会的構成主義への軸を掛け合わせたマトリックスを作り、その中に既出の主な教授方法を当てはめたとき、われわれが本節で目指す枠組み概念の位置が、言語の使用と規則の両立を目指し、TBLTよりも他者との相互作

用の役割を重視した「状況認知的アプローチ」の位置であることがわかる。

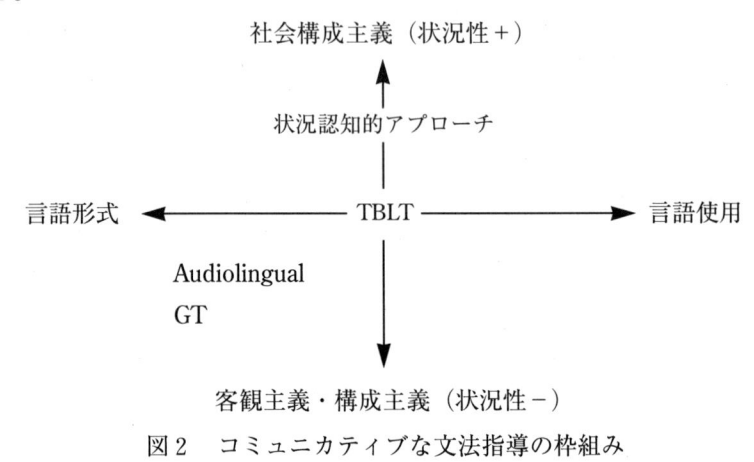

```
                社会構成主義（状況性＋）
                        ↑
                状況認知的アプローチ
                        │
言語形式 ←──────── TBLT ────────→ 言語使用
                        │
                Audiolingual
                   GT
                        ↓
                客観主義・構成主義（状況性−）
```

図2　コミュニカティブな文法指導の枠組み

　タスクが「状況性」を付与する役割を担うという意味では、優れたタスクであれば、「学びの共同体」や「文化的実践への参加」も決して実現が不可能ではないと考える。すなわち、タスクにどのような要因が揃えば、授業が「文化的実践への参加」と呼べるレベルへ到達するのか、ここでは、状況認知を援用することによって、その枠組みを考えてみたい。
　まず、教室での学びが認知的徒弟制として具現化され、学習者に学びのプロセスへの明確な自己意識と動機づけが存在することが必要である。言い換えれば、学習者にとって、熟達者としての他者が存在し、タスク活動に参加することが、自分でしかできない「作品づくり」とならなければならない。そのためには、教室での生徒同士のグループやペア活動とは異なり、英語に関しては熟達者であり、なおかつ見知らぬ初対面の他者との意思伝達の機会を提供することが考えられる。すなわち、学習者が自身の持てる限りの英語の言語規則を総動員して、お互い面識のない他者に自分でしか説明することのできないような内容を是非伝えたいという状況を作り上げるのである。そこでは、学習者の中にある英語の言語規則が、熟達者としての他者の言語規則との接触を通して、それを模倣し、熟達者からの支援を受け、それを足場にしながら自身でも使用し、やがて熟達者の言語

規則を習得するという構図が考えられる。

　具体的事例としては、教科や総合的な学習の時間を利用した外国人ゲストとの交流活動が考えられる。その際、学習者が自分にしか語れないどのような活動を設定するか、また、どのような活動を予め設定するかが大きなポイントとなる。また、学習者の英語による発話に誤りがあったり、行き詰まったりしたときに、いかに足場を作り(scaffolding)ながらrecastするかは、極めて招待する外国人のパーソナリティーに委ねられている。その意味からすれば、英語教育の未経験な外国人ゲストよりも、他校のALTを招待するなどの工夫が求められるところであろう。いずれにせよ、単に交流活動を組織するのではなく、コミュニケーションと文法指導の両立を射程に納め、認知的徒弟制としての授業を展開するならば、目的達成の可能性は高いものがあると確信する。

6. おわりに

　本節では、コミュニケーションと文法指導の両立を目指し、TBLTの概念に社会・文化的、状況認知的アプローチを加味する視点とその枠組みを考察してきた。この試みは全く新しい視点というよりも、CLTやTBLTを、従来あまり考慮の対象とされなかった「状況性」や「認知的徒弟制」という視点から捉え直したにすぎないとも言えなくもない。しかしながら、そこから生まれるコミュニカティブな文法指導は、実践の数だけ可能性もある。新設された総合的な学習の時間などを活用しつつ、学年や同僚でチームを作るなどして、積極的な展開が期待されるところである。

（木村裕三）

［注］
1. CLTの分類としては、本書Ⅱ-1「コミュニケーション観と文法指導」を参照のこと。
2. focus on form と focus on meaning の関係は、Widdowson (1978) が規定した言語用法 (usage) と言語使用 (use) の関係と同一と考えらえる (Ellis, 2000)。
3. Interaction Hypothesis
4. Output Hypothesis
5. ここでのリソースとは、物理的な道具に限らず、他者や言語という概念を含めた使用可能な全ての認知的道具を指す。
6. Leave, Murtaugh, & Rocha (1984) p. 89

第Ⅱ部　基盤となる考え方

7. 石黒（1998）p. 108
8. 佐藤（1999）p. 63
9. この点については、高島（2000）に掲載されている「コミュニケーション活動」と「タスク活動」の実践例における差異が示唆に富んでいる。
10. Ⅱ-1「コミュニケーション観と文法指導」も参照のこと。

参考文献

Anderson, A. and T. Lynch (1988) *Listening*. Oxford University Press.
Bever, T. (1970) "The cognitive basis for linguistic structures". J. R. Hayes (Ed.) *Cognition and the Development of Language*. New York: John Wily and Sons.
Bradford, B. (1988) *Intonation in Context*. Cambridge University Press.
Brazil, D. (1978) *Discourse Intonation II,* Discourse Analysis Monograph No. 2, University of Birmingham.
Brazil, D. (1985) The Communication Value of Intonation in English, English Language Research, University of Birmingham.
Brazil, D. (1995) *A Grammar of Speech*. Oxford University Press.
Brazil, D., R. M. Coulthard and C. Johns (1980) *Discourse Intonation and Language Teaching*. Longman.
Breen, M. (1985) "Authenticity in the Language Classroom." *Applied Linguistics*, 6 (1).
Brown, A. C. and J.S.DeLoache (1978) "Skills, plans, and self - regulation." In R. Siegler (Ed.) *Children's Thinking: What Develps*. Hillsdale, NJ: Lawrens Erlbaum Associates.
Brown, G. (1986) "Investigating listening comprehension in context". *Applied Linguistics* vol. 7. 3 .
Brown, H. D. (2000) *Principles of Language Learning and Teaching* (Fourth Edition). Addison Wesley .
Canale, M. (1983) "From communicative competence to communicative language pedagogy." Richards, J. C. and R. W. Schmidt (eds). *Language and communication*. Longman.
Celce-Murcia, M. (1995) "Discourse analysis and the teaching of listening." In G.Cook and B. Seidlhofer (Eds.) *Principles and Practice in Applied Lingustics*. Oxford University Press.
Celce-Murcia, M. (2002) "Why It Makes Sense to Teach Grammar in Context and Through Discourse" *New Perspectives on Grammar Teaching in Second Language Classrooms*. Mahwah: Lawrence Erlbaum Associates.
Chomsicy, N. (1965) *Aspects of the Theory of Syntax*. MIT Press.
Clark, H. H. and E. V. Clark (1977) *Psychology and Language*. New York: Harcourt Brace Jovanovitch.
Clement, R., Dörnyei, Z., and Noels, K. (1994) "Motivation, Self-Confidence, and Group Cohesion in the Foreign Languge." *Language Learning*, 44 (3).
Dijk, T. A. van (1977) *Text and Context: Explorations in the Semantics and Pragmatics of Discourse*. Longman.
Doughty, C. and E. Varela (1998) "Communicative focus on form." Doughty, C. and J. Wiliams (eds.) , *Focus on Forms in Classroom Second Language Acquisition*. Cambridge University Press.

Doughty, C. and J. Williams. (eds.) (1998) *Focus on form in classroom second language acquisition*. Cambridge University Press.
Ellis, C. N. (1996) "Phonological memory, chunking, and points of order." *Studies in Second Language Acquisition* 18 (1).
Ellis, R. (1990) *Instructed second language acquisition: learning in the classroom*. Blackwell.
Ellis, R. (1992) *Second Language Acquisition & Language Pedagogy*. Clevedon: Multilingual Matters.
Ellis, R. (1998) "The evaluation of communicative task." B. Tomlinson (Ed.), *Materials Development in Language Teaching*. Cambridge University Press.
Field, J. (1998) "Skills and strategies: towards a new methodology for listening". *ELT Journal* vol. 52. 2.
深谷昌弘・田中茂範(1996)『コトバの意味づけ論――日常言語の生の営み―』紀伊国屋書店。
Gallasch, Linda et. al. (1993) *Bridges, Students' Book*. Stuttgart: Ernst Klett Verlag für Wissen und Bildung.
Green, J. M. (1993) "Student attitudes toward communicative and non - communicative activities: Do enjoyment and effectiveness go together?" *The Modern Language Journal*, 77 (1).
Greenbaum, S. and R. Quirk (1990) *A Student's Grammar of the English Language*. Longman.
Griffiths, G. & Keohane, K. (2000) *Personalizing Language Learning*. Cambridge University Press.
Guariento, W. & Morley, J. (2001) Text and authenticity in the EFL classroom. *ELT Journal*, 55 (4).
Harmer, J. (1991) *The practice of English language teaching*. Longman.
Harmer, J. 著・堀口俊一訳（1996）『英文法の教え方・学び方』桐原書店。
橋内武（1999）『ディスコース談話の織りなす世界』くろしお出版。
Heatherington, M. E. (1979) *How Language Works*. Kinseido.
Heim, I. (1982) *The Semantics of Definite and Indefinite Noum Phrases*, Ph. D. Dissertation, University of Massachusetts, Amherst.
Heim, I. (1983) "File Change Semantics and the Familiarity Theory of Definiteness", in R. Bäuerle et al. (eds.) *Meaning. Use and Interpretation of Language*, de Gruyter, Berlin, New York.
樋口忠彦（1995）「個性・創造性を引き出す活動のすすめ―英語授業変革のために」樋口忠彦（編）『個性・創造性を引き出す授業――英語授業変革のために――』研究社出版。
Hunt, K. W. (1970) "How Little Sentences Grow into Big Ones." M. Lester(ed.) *Readings in Applied Transformational Grammar*. Holt, Rinehart and Winston.
池上嘉彦（1991）『英文法を考える』筑摩書房。
今井裕之（2000）「第二言語獲得研究のリエンジニアリング」『鳴門英語研究』第14号。
今井邦彦（1989）『新しい発想による英語発音指導』大修館書店。
井上優（2001）「現代日本語の「タ」――主文末の「…タ」の意味について――」『「た」の言語学』つくば言語文化フォーラム編、ひつじ書房。
Irwin, J. W. (1991) *Teaching Reading Comprehension Processes. Second Edition*. Prentice Hall Regents.
板原茂（2000）「英語と日本語の名詞句限定表現の対応関係」板原茂編『認知言語学の発展』ひつじ書房。
Ito, C. (2003) *Contextualization of Teaching Grammar: The Case of English a(n) and the*, Master of Education thesis, Naruto Univerity of Education.
伊東治己（1993）「オーラルBの授業をどう組み立てるか」『現代英語教育』Vol. 7. 74 - 88. 研究

参考文献

社。
伊東治己（1995）「談話文法と読解指導──点と線の英文読解法のすすめ──」大阪府教育センター英語科研修資料。
Johnson. K. (2001) *An Introduction to Foreign Language Learning and Teaching*. Harlow, Longman, an imprint of Pearson Education.
梶田叡一（1996）『＜自己＞を育てる──真の主体性の確立』金子書房。
金谷憲（1992）編著『学習文法論──文法書・文法教育の働きを探る』河源社。
金谷憲編著（2001）『高校英語教育構造改革論』開隆堂。
小林好和（1997）「今日の授業研究の問題点」平山満義（編）『質的研究法による授業研究──教育学／教育工学／心理学からのアプローチ』北大路書房。
Kochi2001 コミュニケーション活動開発プロジェクト（2001）『コミュニケーション活動事例集』。
工藤真由美（1995）『アスペクト・テンス体系とテクスト──現代日本語の時間の表現──』ひつじ書房。
Kunio, H.（国生浩久）(2002)『大学入試に英文法はどこまで必要か。』Unicorn Journal. 18 - 19 文英堂。
Lado, R. (1988) *Teaching English across cultures*. McGraw - Hill.
Lave, J. & Wenger, E. (1991). *Situated Learning: Legitimate Peripheral Participation*. Cambrigde University Press. [佐伯胖訳（1993）『状況に埋め込まれた学習──正統的周辺参加』産業図書]
Lee, W. Y. (1995) "Authenticity revisited: text authenticity and learner authenticity." *ELT Journal*, 49 (4).
Leech, G. and J. Svartvik, (1994)*A Communicative Grammar of English*. Longman.
Littlejohn, A. P. (1983) "Increasing Learner Involvemant in Course Management." *TESOL Quarterly*, 17 (4).
Littlewood, W. (1992) *Teaching Oral Communication: A Methodological Framework*. Blackwell.
Logan, H. (2002) "Teaching English as a Foreign Language", *Applied Professional Studies in Education and Training, School of Educational Studies*. University of Surrey, UK.
MacIntyre, P. D., Clément, R., Dornyei, Z., and Noels, K. (1998) "Conceptualizing Willingness to Communicate in L2: A Situational Model of L2 Confidence and Affiliation." *The Modern Language Journal*, 82 (4).
McCarthy, M. (1991) *Discourse Analysis for Language Teachers*. Cambridge University Press.
MacIntyre, P. D. , Baker, S.C., Clement, R., and Conrod, S. (2001) "Willingness to communicate, social support, and language - learning orientations of immersion students." *Studies in Second Language Acquisition*, 23 (3).
Maley, A. (1980). "Teaching for communicative competence: Reality and illusion." *Studies in Second Language Acquisition*, 3 (1).
益岡隆志（2000）『日本語文法の諸相』くろしお出版。
松畑熙一（1989）『自ら学ぶ力を育てる英語授業』研究社出版。
松井恵美（1993）「こうして英語を書かせてみる」『英語教育』（大修館書店）6月号。
Miller, G. A. (1956) "The magical number seven plus minus two: some limits in our capacity for processing information." *Annual Review of Psychology* 29.

文部省（1999）『中学校学習指導要領　解説——外国語編——』。
Montgomery, C. & Eisenstein, M. (1985) "Real Reality Revisited: An Experimental Communicative Course in ESL." *TESOL Quarterly*, 19 (2).
望月昭彦（2001）編著『新学習指導要領にもとづく英語科教育法』大修館書店。
Murphy, R. (1994) *English Grammar in Use*. Second edition. Cambridge University Press.
永野重史（1997）『子どもの学力とは何か』岩波書店。
中村博生・廣瀬浩二（1998）「英語教育における小集団学習とコミュニケーション活動：中学生の班学習とインターラクション」『コミュニカティブ・ティーチング研究会紀要』第五号。
成田義光・丸山満男・島田守（1984）『前置詞・接続詞・関係詞』研究社出版。
西嶌俊彦（1997）"The Effective Use of Sentence Patterns for EFL Learning." Unpublished master's thesis, Naruto University of Education.
西嶌俊彦（1997）「リーディング指導と文型」『英語教育』Vol. 49-4，開隆堂。
Nunan, D. (1988a) *The Learner - Centred Curriculum*. Cambridge University Press.
Nunan, D. (1988b) *Syllabus Design*. Oxford University Press.
Nunan, D. (1991) "Communicative task and the language curriculum." *TESOL Quarterly*, 25(2).
Nunan, D. (1999) *Second Language Teaching and Learning*. Heinle & Heinle.
織田稔（1990）『英文法学習の基礎』研究社出版。
岡秀夫（1994）「スピーキングとオーラル・コミュニケーション」『第二言語習得研究に基づく最新の英語教育』大修館書店。
岡野幸弘（1993）「高等学校における英文法指導について」『現代英語教育1993年5月号』。
大下邦幸（1992）「コミュニケーション活動の開発」茨山良夫・大下邦幸（編）『英語授業のコミュニケーション活動』東京書籍。
大下邦幸（2001）『コミュニカティブ・クラスの理論と実践』東京書籍。
太田垣正義（1989）『英語運用能力を伸ばす英文法』山口書店。
太田垣正義（1994）「疑似コミュニケーション活動で終わらないために」『現代英語教育』1994年3月号。
太田垣正義（1999）『先生に聞けない英語の疑問』南雲堂。
Oxford, R. L. (1993) "Research update on teaching L2 listening." *System* 22 (2).
Peacock, M. (1997) "The effect authentic materials on motivation of EFL learners." *ELT Journal*, 51 (2).
Portner, P. and K. Yabushita (1998) "The Semantics and Pragmatics of Topic Phrases", *Linguistics and Phirosophy* 21.
Richards, J. C. , Platt, J. , & Platt, H. (1992) *Longman Dictionary of Language Teaching And Applied Linguistics (Second Edition)*. Lomgman.
Rivers, W. M. (1981) *Teaching Foreign - Language Skills*. Chicago: University of Chicago Rress.
Reichenbach, H. (1947) *Elements of Symbolic Logic*, The Free Press, New York. (1982)〔石本新訳、『記号論理学の原理』大修館書店。〕
Reinhart, T. (1982) "Pragmatics and Linguistics: An Analysis of Sentence Topics", *Phirosophica* 278.
Ruth, W. (1990) *GRAMMAR DICTATION*. Oxford University Press.
佐伯胖（1995a）「文化的実践への参加としての学習」佐伯胖・藤田英典・佐藤学（編）『学びへの誘い』東京大学出版会。
佐伯胖（1995b）『「学ぶ」ということの意味』岩波書店。

斎藤栄二（1998）『英語授業成功への実践』大修館書店。
Sasaki, M. (1997) *Teaching Intonation with Discourse Functional Principles*, Master of Education thesis, Naruto University of Education.
佐々木高政（1951）『英文構文法』金子書房。
佐藤公治（1996）『認知心理学から見た読みの世界──対話と協同的学習をめざして──』北大路書房。
佐藤公治（1999）『対話の中の学びと成長』金子書房。
佐藤学（1995）「学びの対話的実践へ」佐伯胖・藤田英典・佐藤学（編）『学びへの誘い』東京大学出版会。
佐藤学（1996）『教育方法学』岩波書店。
佐藤学（2000a）『教育改革をデザインする』岩波書店。
佐藤学（2000b）『「学び」から逃走する子どもたち』岩波書店。
佐藤学（2001）『学力を問い直す──学びのカリキュラムへ──』岩波書店。
Schmidt, R. (1990) "The Role of Consciousness in Second Language Learning." *Applied Linguistics*, 11.
Sheerin, S. 1987. "Listening comprehension: teaching or testing?" *ELT Journal* vol. 41. 2.
Stern, H. H. (1983) *Fundamental Concepts of Language Teaching*. Oxford University Press.
島岡丘（1986）『教室の英語音声学Ｑ＆Ａ』研究社出版。
鈴木孝夫（1985）『武器としてのことば──茶の間の国際情報学』新潮社。
鈴木佑治（1997）「言語とアイデンティティー」鈴木佑治・吉田研作・霜崎実・田中茂範『コミュニケーションとしての英語教育論──英語教育パラダイムの転換を目指して──』アルク。
諏訪部真（1997）「これからの授業のために」諏訪部真・望月昭彦・白畑知彦（編）『英語の授業実践──小学校から大学まで』大修館書店。
Swan, M. and C. Walter (1984) *The Cambridge English Course 1: Practice Book*. Cambridge University Press.
Tada, N. (2002) *A Discourse-Grammatical approach toTeaching English Grammar Focusing on Sentence Stress*, Master of Education thesis Naruto University of Education.
Tadokoro, T. (2003) *The Present State of Understanding English Pronouns in Japanese High Schools: Implications for Better Teaching*, Master of Education Thesis, Naruto University of Education.
高梨庸雄・高橋正夫（1987）『英語リーディング指導の基礎』研究社出版。
高島英幸（1995）『コミュニケーションにつながる文法指導』大修館書店。
高橋英幸（2000）『実践的コミュニケーション能力のための英語のタスク活動と文法指導』大修館書店。
高山芳樹（1999）「定着させるための文法指導の必要性」Argument 1999年第2号、旺文社。http://www.obunsha.co.jp/argu/html/6argumenu.htm
滝沢武久（1999）『話しあい、伝えあう──子どものコミュニケーション活動』金子書房。
水光雅則（1985）『文法と発音』大修館書店。
田鍋薫（1994）「読解のプロセスの指導と発問」第20回全国英語教育学会　山口研究大会発表資料。
田鍋薫（2000）『英文読解のプロセスの指導』渓水社。

田中茂範（1997b）「断片連鎖と日常会話・チャンキング」鈴木佑治・吉田研作・霜崎実・田中茂範『コミュニケーションとしての英語教育論――英語教育パラダイムの転換を目指して――』アルク.

田中茂範（1997a）「英語学習と心理負担＜My English＞論」鈴木佑治・吉田研作・霜崎実・田中茂範『コミュニケーションとしての英語教育論――英語教育パラダイムの転換を目指して――』アルク.

田中茂範（1997C）「英語教育の現在」鈴木佑治・吉田研作・霜崎実・田中茂範『コミュニケーションとしての英語教育論――英語教育パラダイムの転換を目指して――』アルク.

田中茂範・深谷昌弘（1998）「国際語としての英語論――《my English》とステレオタイプを中心に」『＜意味づけ論＞の展開　情況編成・コトバ・会話』紀伊国屋書店.

Taylor, B. P. (1982) "In Search of Real Reality." *TESOL Quarterly*, 16 (1).

Taylor, D. (1994) Inauthentic Authenticity or Authentic Inauthenticity? TESL - EL [on - line]. Available: http://www. kyoto - su. ac. jp/information/tesl - ej/ej02/a. 1. html.

寺村秀夫（1984）『日本語のシンタクスと意味Ⅱ』くろしお出版.

Thornbury, S (1999) *How to Teach Grammar*. Pearson Education. （塩沢利雄（監訳）（2001）『新しい英文法の学び方・教え方』ピアソン・エデュケーション）.

Vallduví, E. (1990) *The Information Component, Ph. D. Dissertation*, University of Pennsylvania.

渡辺和幸（1994）『英語イントネーション論』研究社出版.

綿貫陽・定縄光洋・Mark Petersen（1994）『教師のためのロイヤル英文法』旺文社.

Widdowson, H. G. (1978) *Teaching Language as Communication*. Oxford University Press.

Widdowson, H. G. (1990) *Aspects of Language Teaching*. Oxford University Press.

Widdowson, H. G. (1996) Authenticity and autonomy in ELT. *ELT Journal,* 50 (1).

Widdowson, H. G. (1998) Context, Community, and Authentic Language. *TESOL Guarterly,* 32 (4).

Wilkins, D. A. 著・島岡丘訳（1984）『ノーショナル　シラバス――概念を中心とする外国語教授法――』桐原書店.

Wishon, G. E. and J. M. Burks (1980) *Let's Write English*. Atlantis Publishers.

柳善和（1995）「Listening 教材の背景と構造」『名古屋学院大学外国語教育紀要』第26号.

柳井智彦（1996）「聴解の困難点とその対策」『英語教育』7月号　大修館書店.

Yanai, T. （柳井智彦）（1998）『生徒が熱中する授業：コミュニケーション活動を中心にして』Step 1998 英語情報　11・12　日本英語検定協会.

柳瀬陽介（1994）『模倣の原理と外国語教育』広島修道大学総合研究所.

吉田研作（1997）「Display 活動と Referential 活動」鈴木佑治・吉田研作・霜崎実・田中茂範『コミュニケーションとしての英語教育論―英語教育パラダイムの転換を目指して―』アルク.

著者紹介

麻生　雄治　　大分県立杵築高校教諭
五百蔵高浩　　高知女子大学助教授
伊東　治己　　鳴門教育大学教授
岩本　藤男　　掛川市立西中学校教諭
大嶋　秀樹　　高知高専助教授
太田垣正義　　鳴門教育大学教授
木村　裕三　　鳴門教育大学助教授
多田　宣興　　大分県立別府青山高校教諭
西澤　政春　　浜松市立丸塚中学校教諭
西嶌　俊彦　　大阪府立長野高校教諭
板東美智子　　阿南高専助教授
向井　剛　　　鳴門教育大学教授
藪下　克彦　　鳴門教育大学助教授
山森　直人　　鳴門教育大学講師

コミュニカティブな文法指導：理論と実践　　（検印廃止）

2003年3月24日　初版発行

編 著 者	太 田 垣 正 義
発 行 者	安 居 洋 一
組　　版	エ デ ィ マ ン
印刷・製本	モリモト印刷

〒160-0002　東京都新宿区坂町26
発行所　開文社出版株式会社
TEL 03 (3358) 6288・FAX 03 (3358) 6287
振替00160-0-52864

ISBN4-87571-667-2 C 3087